afgeschreven

Love & Leed

Liefdesgids voor meiden

DANIËLLE BAKHUIS

Illustraties Juliette de Wit

Love

&

LEED

Liefdesgids voor meiden

PLOEGSMA

www.daniellebakhuis.nl
www.ploegsma.nl

ISBN 978 90 216 6602 0 / NUR 240/243
© *Tekst:* Daniëlle Bakhuis 2008
© *Illustraties:* Juliette de Wit 2008
© *Vormgeving:* Petra Gerritsen 2008
© *Deze uitgave:* Uitgeverij Ploegsma BV, Amsterdam 2008

FSC
100%
Uit goed beheerde bossen

Cert no. GFA-COC-001575
www.fsc.org
© 1996 Forest Stewardship Council

Uitgeverij Ploegsma drukt haar boeken op papier met het FSC-keurmerk.
Zo helpen we waardevolle oerbossen te behouden.

inhoud

fase 1 * verliefd *That crazy little thing called love*   8

fase 2 * snelcursus versieren *Gotcha!*   14

fase 3 * eerste date *D-day*   20

fase 4 * verkering *Het V-woord*   26

fase 5 * vrijen *Let's talk about sex, baby*   32

fase 6 * vriendinnen *Perfect combi*   38

fase 7 * foute jongen *Love is blind*   44

fase 8 * zijn vrienden *One of the guys*   49

fase 9 * bij hem thuis *Meet the parents*   54

fase 10 * vakantieliefde *I luv yoe*   60

fase 11 * vriendschap *Date or mate*   64

fase 12 * irritatie *Troubles in paradise*   70

fase 13 * ruziemaken *The art of arguing*   76

fase 14 * zijn ex *The girl you love to hate*   81

fase 15 * jaloers *Green monster*   86

fase 16 * vreemdgaan *Once a cheater, always...*   92

fase 17 * uitmaken *Dump or be dumped*   97

fase 18 * liefdesverdriet *Tears in my eyes*   102

fase 19 * je nieuwe ex *Best friends*   108

fase 20 * weer alleen *Happy single*   113

Geld laat de wereld draaien
Liefde doet 'm stilstaan

fase 1*
verliefd

That crazy little thing called love

JE BENT AL DAGEN MISSELIJK, TERWIJL
JE GEEN HAP DOOR JE KEEL KRIJGT. EN
ALS JE ER DAARDOOR AL NIET ALS EEN
WRAK BIJLOOPT, KOMT HET WEL DOORDAT
JE DE HELE NACHT NIET HEBT GESLAPEN.
LOVE IS A BITCH. EN WIJ HOUDEN
VAN HAAR.

Niets kan jou nog raken, hij heeft vandaag erg sexy naar je gelachen en jij kunt wat jou betreft gelukkig sterven. Met een grote grijns onderga je de preken van je ouders over je belgedrag (gij zult niet sms'en onder het avondeten) en met een nog grotere grijns verknal je je so's. Vergeet de wereld: jij bent verliefd.

LOVE-OREXIA

Als je denkt dat deze *love-orexia* en andere symptomen je zijn aangepraat, heb je het mis. Tijdens een verliefdheid maakt je lichaam allerlei stoffen aan die er voor zorgen dat je hongergevoel wordt onderdrukt. Je hebt zoveel energie dat je 's nachts moeite hebt in slaap te vallen. Sterker nog, er worden stoffen aangemaakt die biologen vergelijken met drugs. Je voelt je opgewonden, intens gelukkig, je hart gaat letterlijk sneller kloppen en je lijkt wel verslaafd aan je eigen verliefdheid.

Pas wanneer jij de juiste dosis van hem hebt gehad voor die dag, zwakt dit verlangen weer heel even af.

En je bent niet de enige die zich als een junk gedraagt. Wetenschappers hebben aangetoond dat verliefdheid een tijdelijke kortsluiting in je hersenen veroorzaakt. Daardoor ben je net zo labiel als een verslaafde die continu op zoek is naar een nieuwe dosis.

Gelukkig ben je niet je leven lang verliefd. Niemand houdt het tenslotte jaren vol alles alleen maar zwart-wit te zien ('Ik vind álles leuk aan hem'), concentratieproblemen te hebben en ontoerekeningsvatbaar te zijn (in een vlaag van verstandsverbijstering zijn naam op je onderrug laten tatoeëren).

THREE MONTH ITCH

Verliefdheid gaat na ongeveer drie maanden voorbij, dan krijg je de zogeheten *three month itch*. Je gaat bewust of onbewust de vraag stellen of je het een langere tijd met hem zou kunnen uithouden. Als je elkaar elke dag ziet, gebeurt dat eerder dan als je elkaar maar vier weekenden hebt gezien. Na die tijd ben je nog steeds wel verliefd, maar wordt het geleidelijk minder heftig. Op de vraag waarom we verliefd worden zijn veel antwoorden bedacht. Cynische wetenschappers beweren dat liefde slechts een door mensen bedacht excuus tegen eenzaamheid is. De romantici geloven in twee wederhelften die elkaar op

ben je verliefd?
10 love signs

1. Je hebt opgevangen dat hij op meiden met zwart, kort haar valt en overweegt nu serieus je haar te knippen en te verven.

2. Op je computer staan foto's van hem die je op internet hebt gevonden.

3. Je wordt onrustig als je hem een paar dagen niet hebt gezien. Waar hangt hij uit? Zou er iets met hem aan de hand zijn?

4. Je denkt er over een fake msn-adres aan te maken om zo contact met hem te maken en hem uit te horen over zijn liefdesleven.

5. Bij elk lief nummer op je iPod denk je aan hem.

6. Wanneer hij in de buurt is, gedraag je je als een zwak- zinnige. Er komen alleen gegiechel en onsamen- hangende zinnen uit je mond: 'Alles goed. Met mij. Ja. Dank je. En jij?'

7. Bij elk sms' je doe je een schietge- bedje. Alsjeblieft, laat het van hem zijn!

8. Je haalt je schouders op als je hoort dat je een onvoldoende hebt gehaald...

9. en je maakt er een drama van als je hoort dat je daarom huisarrest krijgt. Een weekend zonder hem overleef je niet!

10. Met alle wil van de wereld, jij snapt zijn ex-vriendin echt niet. Hoe heeft zij het ooit kunnen uitmaken met hem?

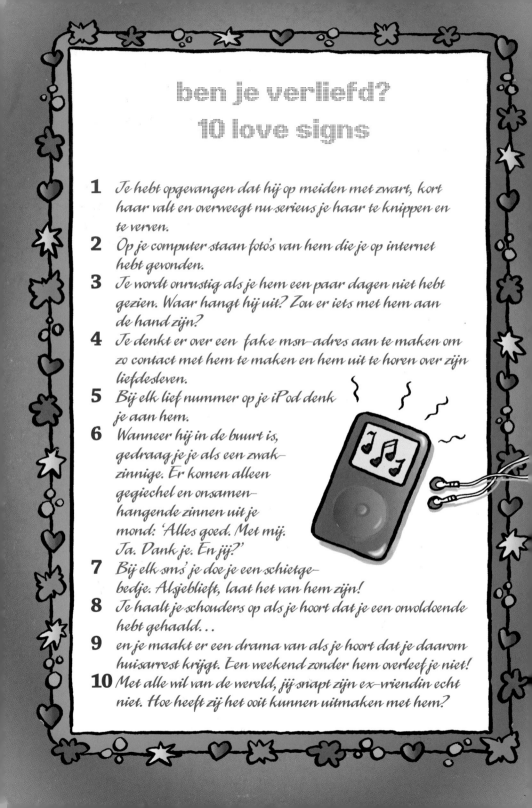

aarde hebben weergevonden. Biologen zien
liefde slechts als een trucje van de natuur om
de mensheid zich te laten
voorplanten. Zodra
iemand oud genoeg is
om zich voort te plan-
ten, wordt de *lovedrug*
aangemaakt.

LIEFDESCARRIÈRE

Als je alle jongens op wie je verliefd
bent geweest op een rijtje zet, zie je
zelden een heel grote overkomst. Ze
zijn niet allemaal blond, doen niet aan dezelfde sport en, geef
toe, je bent ook niet op allemaal even heftig verliefd geweest.
Toch hebben die verschillende types een ding met elkaar
gemeen. Iedereen valt namelijk op mensen van dezelfde markt-
waarde. Als je mensen cijfers zou geven, en jij jezelf als een
acht ziet, zul je niet zo snel verliefd worden op een jongen die
in jouw ogen een zeven is. Daar staat tegenover dat je niet zo
gauw afstapt op een jongen die in jouw ogen een negenenhalf is,
omdat je jezelf de afwijzing wil besparen. Wel word je vaak in
het begin van je liefdescarrière verliefd op zulke onbereikbare
types, omdat je nog moet uitvinden wie je zelf bent. Later komt
het ook nog wel voor juist omdat je weet dat je geen kans maakt.
Lekker veilig, dus.
Vaak zoek je iemand in wie je jezelf herkent:
iemand die dezelfde opleiding volgt, dezelfde
dingen doet in zijn vrije tijd of in dezelfde stijl
gekleed gaat als jij. Maar dat gaat niet altijd
op. Ook tegenpolen vinden elkaar ontzettend
fascinerend. Sta er dus niet vreemd van te kijken
als jij als meisje van de wereld verliefd wordt op een jongen die
zich niets van de wereld aantrekt.
Een andere belangrijke voorwaarde voor verliefdheid is dat je

elkaar vaak ziet. Op iemand die je twee keer per jaar ziet, kun je wel gek zijn, maar écht verliefd, nee.

En dan is er ook nog de geur: verliefdheid wordt aangewakkerd door de geur van feromonen, een stofje dat in vers zweet zit. Deze geur verraadt je gezondheid, je genetische bouw en helpt de band tussen jou en je geliefde te versterken. *Move over* dus met die deostick!

CRUSH

Voor de ene verliefdheid zou je naar Parijs emigreren en voor de andere heb je nog geen retourtje Groningen over. Niet alle verliefdheden zijn even heftig. Gemiddeld worden we in ons leven zo'n zeven keer verliefd voordat we gaan samenwonen. Over het aantal Grote Liefdes zijn de meningen verdeeld. Sommigen geloven in één *Mister Right*, anderen in meerdere *Misters Right Now*. De heftigste verliefdheid is de wederzijdse. Niets leuker dan een beantwoorde liefde. Je vindt elkaar misselijkmakend leuk en komt erachter dat je woorden gebruikt (Liefie! Schatje! Poepie!) waar je normaal van moet braken. Minder heftig dan verliefdheid is de *crush*. Een crush kun je zien als het slappe aftreksel van verliefdheid. Voor hem emigreren zit er niet in, maar je zou het

niet erg vinden een paar dagen met hem door te brengen. Bij een *crush* functioneer je nog prima, van slapeloosheid of andere verliefdheidsstoornissen heb je geen last. Vaak vind je degene op wie je een *crush* hebt ook alleen maar leuk omdat hij zo ontzettend knap is, goed kan zoenen of omdat hij je prima over je ex heen kan helpen. Een *crush* duurt niet zo lang, soms niet langer dan twee zaterdagavonden. Je bent dan ook niet helemaal kapot wanneer het overgaat.

HIJ WIL ME NIET!

Je snapt er niets van, maar het is toch echt zo: hij is niet verliefd op jou. Al voordat jullie een item konden worden, heeft hij
je afgewezen. Jij bent domweg zijn type niet. Hij vindt iemand
anders leuker. Of – de doodsteek – hij ziet je
meer als een 'gewone' vriendin.
Je staat in tweestrijd. Aan de ene kant wil je
hem wakker schudden en laten zien hoe
leuk je bent en aan de andere kant ben je
hartstikke kwaad en verdrietig. De *loser*!
Een onbeantwoorde liefde maakt je
ontzettend onzeker. Grote kans dat je hem in je zelfmedelijden nog gelijk geeft ook: zie je nu wel? Niemand vindt
me leuk.
Natuurlijk mag je jezelf even heel zielig vinden, maar wees na
een tijdje ook eerlijk: heb je echt last van een gebroken hart? Of
van een gekrenkt ego?

fase 2*
snelcursus
versieren

Gotcha!

VERZAMEL ALLE CLICHÉS DIE JE KENT, NEEM EEN GOEDE DOSIS LEF, JE ZWARTE MASCARA VOOR DIE DUIZELINGWEKKENDE OOGOPSLAG EN *ET VOILA*: WELKOM BIJ DE SNELCURSUS 'VERSIEREN'.

Versieren is alle clichés uit de kast halen. Neem alleen al de geijkte openingszinnen ('Ken ik jou niet ergens van?') en de gebruikelijke tips (Lach!). En gelukkig maar. Hoef je ook niet zo moeilijk te doen.

Om het versieren onder de knie te krijgen moet je eerst leren flirten. Het verschil tussen versieren en flirten is dat je met versieren echt wat wil bereiken en met flirten niet. Flirten kan overal en met iedereen, ook met diegene met wie je niets wilt.

Bij flirten check je hoe goed je in de markt ligt, zonder jezelf op die markt te verkopen. Eigenlijk is flirten niet meer dan ontzettend charmant uitdagend doen. Bij versieren ga je een stapje verder en stap je op degene die je wil versieren af.

Love & **LEED**

oogcontact

DO Hem een subtiele knipoog geven. Combineer dit met een lief lachje en succes gegarandeerd. Een goede knipoog gaat zo snel, dat hij zal twijfelen of je hem wel hebt gegeven.

DON'T Overdreven geknipper met je wimpers. Op het witte doek ziet het er onzettend sexy uit, in het echt lijkt het of je een zenuwtic hebt.

mond

DO Zachtjes op je lip bijten alsof je aan het nadenken bent. Heel sexy!

DON'T Om de haverklap je lippen likken. Je bent geen pornoster.

haren

DO Laat ze met rust. Als je één keer je haren naar achter hebt gegooid is het genoeg.

DON'T Continu aan je haar frunniken (of nog erger: je haren rond je vinger winden). Komt heel onzeker over.

DE STRAAT ALS CATWALK

Wanneer je nog geen prof bent in flirten, kun je het volgende doen om na een dag al amateur af te zijn. Zet je iPod vol met nummers die jou een zeker gevoel geven. Vooral 'onafhankelijke chickmuziek' doet het goed. Zet het geluid flink hard en ga de stad in, bij voorkeur op een drukke zaterdagmiddag. Beeld je in dat je in de clip zit van het nummer dat je op je iPod hoort en flirt met iedereen die je tegenkomt.

De straat is jouw *catwalk*, de stad is jouw filmset. Knik vriendelijk naar de man achter de fruitkraam, lach liefjes naar de verkoper van die hippe zaak, zwaai naar het meisje dat je van school kent, lach naar een kindje in een wandelwagen en voel je *queen* van je eigen wereld.

De truc is dat je je zeker voelt en dat je dat ook gaat uitstralen. Mensen die zich zeker voelen lachen meer en krijgen daardoor meer positieve feedback.

STAP OP HEM AF

Jongens mogen dan jagers zijn, sinds ze niet meer in een bizonhuid de velden en grotten afstropen om een vrouw te vinden, zijn ze erg lui geworden. Het jachtinstinct zit nog wel ergens in hun genen, maar nu meiden zelf op jacht gaan, vinden ze het ook wel prettig om niet altijd de eerste stap te hoeven zetten. Maar laat de eerste stap zetten nou juist het leukste van versieren zijn.

KOM JE HIER VAKER?

Er wordt veel belang gehecht aan de openingszin, maar feit is dat je je meestal niet eens herinnert wie wat als eerste heeft gezegd. De meeste openingszinnen zijn cliché. Voordeel is dat de ander meteen snapt dat je aan het versieren bent.

In plaats van 'ken ik jou niet ergens van', kun je zo'n zin ook minder cliché maken door te vragen of je hem van een bepaald iets kent ('Zeg, zit jij niet bij mijn vriendin in de klas?'). Of in plaats van hem te vragen of hij hier vaker komt, kun je ook opmerken dat hij wel vaker in deze disco is. ('Hé, jij bent hier zaterdagavond vaak, of niet?').

Maar ook een 'hallo' gecombineerd met een stralende glimlach kan wonderen doen. Brand je in ieder geval niet aan de zogenaamd grappige versiertrucs. En gebruik ook alsjeblieft niet je vriendin als excuus, door te zeggen dat je vriendin wil weten of hij nog single is. Jongens zijn soms misschien wel lui, helemaal achterlijk zijn ze niet.

Wil je een jongen versieren die je al kent, begin dan bijvoorbeeld een gesprek met hem over de plek waar je altijd uitgaat. Je kunt dan heel losjes laten vallen dat je het leuk zou vinden als hij daar volgend weekend ook zou komen.

Een ander trucje is om hem mee te vragen voor een groepsuitje ('We gaan vrijdag met een groepje daar en daar naar toe. Zin om mee te gaan?'). Het is dan nog geen officiële date, maar het is wel lekker veilig. Valt hij tegen, dan zijn er nog genoeg andere mensen om een gezellige avond mee te hebben.

checklist:

vindt hij mij ook

leuk?

Hij...

- haalt een pluisje uit je haar, stompt je ter begroeting zachtjes tegen je schouder of grijpt je pols om te zien hoe laat het is. Alles als een excuus om je aan te raken.
- weet waar je het weekend hebt uitgehangen. Want dat heeft hij zogenaamd ergens opgevangen. Uhu, nagevraagd zal je bedoelen.
- heeft je aangemeld op msn. Terwijl je hem nooit je msn-adres hebt gegeven.
- kent je vriendinnen bij naam.
- luistert als je een verhaal vertelt en kijkt je daarbij in de ogen (in plaats van over je schouder naar andere meiden).
- heeft blijkbaar zijn vrienden over jou verteld, want zodra jij in beeld komt, wijzen ze naar je of maken ze van een afstandje opmerkingen.
- stuurt een sms' je dat niet voor jou is bedoeld. De bedoeling is dat jij reageert, zodat hij weer terug kan sms'en. Hoe omslachtig...

ZONDER DE MEIDEN

Je vriendinnen zijn je zelf gekozen familie, je Eerste Hulp Bij Nood, je zusters met wie je ten strijde trekt tegen alles wat een piemel heeft. Maar laat ze alsjeblieft ook eens los. Geen enkele jongen stapt op je af als jij de hele avond omringd wordt door vier of vijf meiden. Hij kijkt wel uit.

En draai het eens om: jij stapt ook niet op hem af wanneer hij druk in gesprek is met zijn vrienden. Jij wacht liever tot hij van ze is losgeweekt en je hem alleen kunt spreken. Jongens hebben een zelfde lefgradatie.

Ga vanaf nu dus alleen naar de wc, haal eens in je eentje een drankje aan de bar en loop eens zonder je vriendinnen naar de klas. Echt, jongens zijn soms net mensen.

fase 3*
eerste date

D-day

**ALS JE ZEKER ZOU WETEN DAT HIJ NOOIT
JE HYVES CHECKTE, HAD JE HET OP JE
HYVES GEZET: JULLIE HEBBEN EEN DATE!
EN HOE! NOU JA, LAAT DAT NOU JUIST DE
VRAAG ZIJN...**

Je hebt een kledingkast vol en niets om aan te trekken. Toch
hoef je voor je eerste date echt niet alles uit de kast te halen.
De truc is om je niet anders voor te doen dan je bent. Want
waarom zou je? Hij wil met je op date omdat hij jou leuk vindt,
en dus ook je stijl. Laat dus dat jurkje in de kast van je vriendin
liggen als je anders ook nooit jurkjes draagt. Ga niet experimen-
teren met de stijltang als hij je alleen met krullen kent.

Hetzelfde geldt voor make-up: ga niet met *smokey-eyes* de
deur uit als je normaal alleen mascara gebruikt. Ook hij
vindt het al spannend genoeg om met jou op date te gaan.
Hij schrikt zich rot van een totale metamorfose, dat is helemaal niet het meisje dat hij leuk vond.

SMALLTALK

Waarschijnlijk ben je bang voor ongemakkelijke stiltes.
Bereid je voor door alvast gespreksonderwerpen te bedenken.
School, vrienden, familie en uitgaan zijn veilige dingen om
het over te hebben. Vermijd onderwerpen als exen, seks en
je terugkomende depressieve buien tijdens je ongesteldheid.
Too soon, honey!

checklist: first date

- ○ Tanden gepoetst?
- ○ Oksels geschoren?
- ○ Deo gespoten?
- ○ Kauwgom bij je?
- ○ Telefoon opgeladen en bij je?
- ○ Genoeg geld bij je?
- ○ Minstens twee personen ingelicht waar je naartoe gaat (just in case...)?

Dan ben je er klaar voor!

Wees ook vooral niet bang hem vragen te stellen. Naar wat voor soort muziek luistert hij graag? Wat is de laatste film die hij heeft gezien? Wat doet hij het liefst met zijn vrienden? Je bent tenslotte met elkaar op date om elkaar beter te leren kennen.

DON'T: BIOSCOOP EN FEESTJES

Het is erg veilig om op je eerste date naar de bioscoop te gaan, maar doe dat nou eens een keer niet. Ten eerste zit je anderhalf uur naast elkaar zonder dat je iets van elkaar te weten komt. Ten tweede ziet hij maar heel kort hoe fantastisch jij er uit ziet (het is donker). Daarbij ben je waarschijnlijk ook nog het zoveelste meisje dat hem een avondje bioscoop voorstelt.

Wat je ook gelijk op de date-lijst mag doorstrepen is het feestje: een echte *loose-loose* situatie. Wanneer je hem meeneemt naar een feestje waar hij niemand kent, zul je je gedwongen voelen hem de hele avond te vermaken. Neem je hem mee naar een feestje waar hij wel mensen kent, dan is de kans groot dat je hem de halve avond kwijt bent.

Veel effectiever is het om op de eerste date al te laten zien hoe origineel en anders jij bent dan andere meiden, door een totaal andere date voor te stellen.

DO: IETS DOEN

Dingen doen breekt vaak de spanning en daarbij heb je ook gelijk iets om over te praten. Neem hem daarom mee naar een poolcentrum (helemaal bonuspunten scoor je wanneer je doet alsof je niets van poolen of snookeren af weet en daarna de ene punt na de andere scoort) of ga met zijn tweeën naar een schaatsbaan. Meiden die niet bang zijn om meteen tachtig procent van hun naakte lijf te laten zien gaan naar het zwembad of naar een meer.

Wanneer je er zeker van bent dat jullie elkaar genoeg te vertellen hebben, is het een idee om naar de dierentuin te gaan of een ijsje te halen in de stad. Het is sowieso handig om naar een plek te gaan waar het een beetje druk is, zoals een festival of een openluchtconcert. Wil het gesprek ondanks al je voorbereiding nog niet lopen, dan kun je het altijd over de mensen om jullie heen hebben.

DUBBELE TONG

Het is erg verleidelijk om op een eerste date naar de alcohol te grijpen, maar *please:* doe het niet! Eén drankje om de grootste spanning in je onderbuik weg te halen is prima, maar laat het daarbij.
Alcohol maakt je overmoedig, en je loopt het risico dat je denkt dat je de hele wereld aankunt. Opeens vind je jezelf geweldig en voor je het weet vertel je hem dingen die je helemaal niet wilde vertellen. Op zich niet een heel groot probleem als hij die verhalen voor zich kan houden. Je kent hem alleen nog niet zo goed dat je daar zomaar op kunt rekenen. Bovendien wil je dat hij jóu leert kennen tijdens jullie date, niet de *Drunk Version 2.0.*

> hik <

IEDER DE HELFT

Volgens de oude regel betaalt de man, volgens de iets nieuwere betaalt degene die de ander heeft meegevraagd. Anno nu is het heel normaal om ieder de helft te betalen.
Je kunt ook gewoon om de beurt wat betalen. Als hij de eerste twee potjes pool heeft betaald, betaal jij de drankjes.
Heb je te maken met een ouderwetse jongen (en die zijn er!) die toch alles voor 'zijn meisje' wil betalen? Prima. Als je een goed gevoel hebt over de date, kun je een nonchalante opmerking maken dat het prima is dat hij deze keer alles betaalt, maar dat jij dan de volgende keer betaalt. *In your pocket,* dat tweede afspraakje!

Love & LEED

DRIE OP DE WANG / ÉÉN OP DE MOND

Het einde van de date nadert en als je dacht dat je je zenuwen
nu zo langzamerhand wel onder controle had, heb je het mis.
Sterker nog, nu komt het er pas echt op aan. In grote neon-
letters knippert één vraag in je hoofd: *to kiss or not to kiss*.
Onthoud dat een succesvolle date niet altijd met een zoen
hoeft te eindigen. Misschien wil je niet van je principe afwij-
ken dat je niet zoent op de eerste date of ben je gewoon nog
niet zeker genoeg van je gevoel voor hem.

Als je geen zin hebt om met hem te zoenen, zorg dan bij het
afscheid dat je minstens een armlengte afstand van hem
houdt. Deze dertig centimeter vormt je persoonlijke ruimte.
Alleen als hij heel brutaal is, komt hij daar zonder jouw uitnodi-
ging in. Maak duidelijk wat je wel en niet wil!
Als je wel wil zoenen, zorg je er dus voor dat jij binnen zijn
persoonlijke ruimte komt. De eeuwenoude aanpak hiervoor is
drie zoenen op zijn wang geven. Je voelt of zijn zoenen echt op
je wang belanden of dat er één gevaarlijk dicht bij je mond komt.
Als het laatste het geval is, weet je wat je te doen staat. Kijk hem
aan en glimlach om hem toestemming te geven. En...
Yes! De eerste zoen.

SMS-VERVOLG

Je kunt hem prima een uur nadat de date is afge-
lopen een sms'je sturen waarin je vertelt hoe je
het vond. Zet hier bijvoorbeeld in dat je een erg
gezellige avond hebt gehad en dat je het nog wel
een keer wilt overdoen.
Stel niet gelijk een volgende datum voor. Laat het bij hem
ook even bezinken. Na een aantal dagen kun je altijd nog eens
polsen hoe hij over een tweede date denkt.
Als de date wat jou betreft geen vervolg hoeft te hebben, wacht
je totdat hij als eerste wat van zich laat horen. Daarop kun
jij dan reageren dat je het een leuke avond vond (want: altijd
beleefd blijven), maar dat je het hier liever bij laat.

Het V-woord

DATEN MET HEM BEVALT JE PRIMA. ZO GOED DAT JE HET DATEN LIEVER ACHTER JE WIL LATEN. DAN KUN JE HEM VANAF NU JE VRIENDJE NOEMEN...

Op de basisschool was het simpel: je vroeg verkering via een briefje of je stuurde je beste vriendin op hem af. Hij had de keus uit 'ja' of 'nee'. Als hij 'ja' zei dan was vanaf dat moment jullie verkering een feit.

Van het woord 'verkering' krijgen de meesten niet voor niets meteen basisschoolvisioenen van plakkerige wangkusjes en een zak knikkers die je hem gaf als het twee weken aan was.

Daarentegen klinkt relatie net iets te volwassen, is 'wat hebben' te vaag en zegt 'verliefd zijn op elkaar' niet voldoende.

Wie ooit zei dat liefde makkelijk was, is waarschijnlijk eenzaam gestorven.

DE V VAN VRAGEN

Als je weet dat het goed zit tussen jullie, hoeft er geen Officieel Gesprek plaats te vinden. De meeste meiden en jongens omzeilen het V-woord door te vragen 'hoe het nu eigenlijk zit tussen ons' en 'of we nu wat met elkaar hebben.'

En het hoeft ook allemaal niet zo zwaar. Stel hem voor aan je vriendinnen als je vriendje alsof het de normaalste zaak van de wereld is. Dat is veel effectiever dan zenuwachtig afwachten tot hij je officieel vraagt. Waarschijnlijk is hij allang blij dat jij de eerste stap hebt gezet en dat je er ook niet zo moeilijk over doet. Het zit toch goed? Nou dan.

De volgende vraag komt een paar dagen later: 'Maar sinds wánneer hebben we eigenlijk wat?' Is dat vanaf de dag dat het officieel was of sinds jullie eerste date? Dat is helemaal aan jullie om te bepalen. Veel stellen kiezen voor de datum waarop ze voor het eerst met elkaar hebben gezoend. *How romantic.*

HARD WERKEN

Dacht je dat nu het moeilijkste wel achter de rug was? *Forget it!* Het begint pas. Liefde is een werkwoord. Er zal nu en dan geploeterd, gezweet en geruzied moeten worden om de relatie tot een succes te maken.

Want wees eerlijk, wat weten jullie nu eigenlijk van elkaar? Ja, dat hij hartstikke leuk is. Dat hij een keer is blijven zitten. Dat hij zijn beste vriend van voetbal kent.

Maar waarom is hij eigenlijk blijven zitten? Waarom is uitgerekend die jongen van voetbal zijn beste vriend? Wat bespreken ze met elkaar? Hoe denkt hij eigenlijk over vreemdgaan? Wat verwacht hij van een relatie?

Allemaal dingen waar je in de loop van de tijd achter moet zien te komen. Pas als jullie een tijdje wat hebben kom je erachter of hij echt wel zo leuk is als je een paar maanden geleden dacht.

sweets for my sweet

Verjaardag

- Abonneer hem op een tijdschrift. Zo geef je hem elke week of maand een nieuw cadeautje.
- Een shirt met stoere print is altijd goed.
- Geef hem een poster van zijn favoriete film voor boven zijn bed. Ook leuk: op www.megaposters.nl kun je posters bestellen die in bushokjes hangen. Je kunt kiezen uit allerlei reclames van bijvoorbeeld bier- en sportmerken.

Zoveel maanden samen

- Een gebrande cd met jullie liedjes is persoonlijk én prettig voor je portemonnee. Download niet alleen lovesongs, maar ook liedjes die gezamenlijke herinneringen oproepen.
- Proost op jullie jubileum. Geef hem een fles bubbeltjeswijn met twee champagneglazen.
- Gegarandeerd succes? Een foto van jullie in een leuk lijstje. Nog leuker, maak een collage van allerlei foto's van jullie en plak er de bioscoopkaartjes en de entreekaartjes bij van dingen waar jullie zijn geweest.
- Bedruk een kussensloop met een mooie foto van jou of jullie. Sweet dreams!

Een jaar bij elkaar

- Koop twaalf cadeautjes die allemaal op jullie slaan. Dit kunnen echt kleine dingen zijn, bijvoorbeeld een fles knoflooksaus, omdat hij gek is op broodjes shoarma. Of het meidentijdschrift dat hij altijd leest als hij op jouw kamer is. Wees creatief!
- Maak een lijstje met redenen waarom je hem geweldig vindt. Ook leuk: schrijf elke reden op een apart briefje en doe ze in een mooi potje of doosje. Hij mag dan elke dag één briefje trekken. Bedenk wel even of hij het type jongen is dat hier (desnoods stiekem) heel blij van wordt.
- Nog leuker dan briefjes op een lijstje of in een potje? Stop ze in zelfgemaakte gelukskoekjes!
- Oké, het vergt wat werk maar het is zeker de moeite waard: maak een quiz en test zijn kennis en geheugen. Maak vragen over jou en wat jullie allemaal al samen hebben meegemaakt.

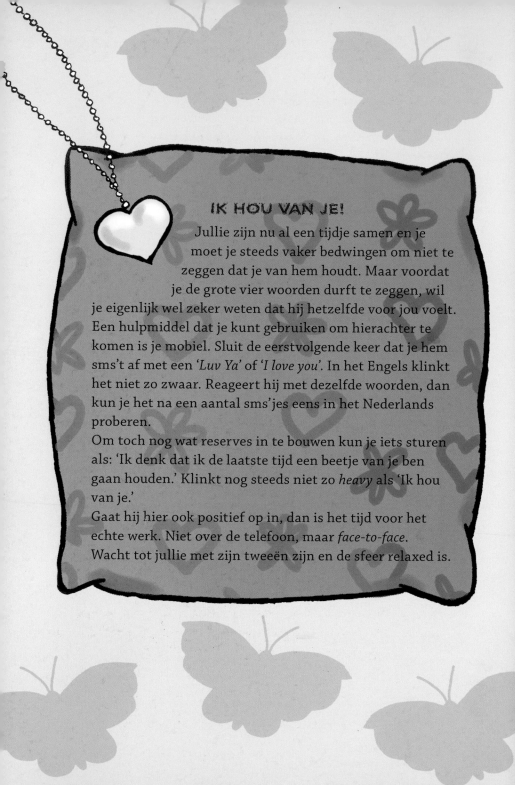

IK HOU VAN JE!

Jullie zijn nu al een tijdje samen en je moet je steeds vaker bedwingen om niet te zeggen dat je van hem houdt. Maar voordat je de grote vier woorden durft te zeggen, wil je eigenlijk wel zeker weten dat hij hetzelfde voor jou voelt. Een hulpmiddel dat je kunt gebruiken om hierachter te komen is je mobiel. Sluit de eerstvolgende keer dat je hem sms't af met een *'Luv Ya'* of *'I love you'*. In het Engels klinkt het niet zo zwaar. Reageert hij met dezelfde woorden, dan kun je het na een aantal sms'jes eens in het Nederlands proberen.

Om toch nog wat reserves in te bouwen kun je iets sturen als: 'Ik denk dat ik de laatste tijd een beetje van je ben gaan houden.' Klinkt nog steeds niet zo *heavy* als 'Ik hou van je.'

Gaat hij hier ook positief op in, dan is het tijd voor het echte werk. Niet over de telefoon, maar *face-to-face*. Wacht tot jullie met zijn tweeën zijn en de sfeer relaxed is.

1 Wat is vreemdgaan volgens hem?

De ene jongen vindt al dat je hem bedriegt als je iets te lang naar zijn beste vriend kijkt. Van een ander mag je je tong in de mond van zijn beste vriend steken zonder dat hij zich er druk over maakt. Het is niet alleen belangrijk om te weten hoe hij over vreemdgaan denkt, geef vooral ook aan wat voor jou vreemdgaan is. Dan kan hij achteraf nooit zeggen 'maar ik dacht dat je het niet erg vond dat ik voor de grap met haar zoende'.

2 Waardoor gingen zijn vorige relaties uit?

Van elke relatie leer je wel iets en vaak vooral wat je niet leuk vindt (anders was het nog wel steeds aan, niet waar?). Als je weet waardoor zijn vorige relaties zijn gestrand, weet jij in ieder geval wat hij belangrijk vindt in een relatie.
Misschien heeft hij zijn vorige vriendin wel aan de kant gezet omdat ze hem te veel claimde. Of misschien liet ze steeds over zich heen lopen. Jij kunt leren van de fouten die zij heeft gemaakt.

3 Wat verwacht hij van een relatie?

Heeft hij er vrede mee als jullie elkaar een week niet zien of wil hij het liefst elke dag bij je zijn? En jij? Vind jij het ook prima een paar dagen alleen door te brengen? Zijn jullie elkaars grote liefde of zien jullie wel waar het schip strandt?
Een relatie heeft de meeste kans van slagen als jullie beide op dezelfde golflengte zitten. En dat betekent véél praten.

fase 5*
vrijen

Let's talk about sex, baby

JE VRIENDJE IS LIEF, GRAPPIG, SLIM EN VOORAL EEN ONTZETTEND LEKKER DING. MAAR OF HET AL HET JUISTE MOMENT IS OM JE HELEMAAL BLOOT TE GEVEN? TIJD VOOR DE NAAKTE WAARHEID OVER SEKS.

Seks is niet iets wat je van de ene op de andere dag doet. De meeste meiden beginnen hun sekscarrière met zoenen en gaan dan steeds een stapje verder. Van de eerste stap: tongzoenen, naar de tweede: strelen met de kleren aan, de derde: strelen onder de kleren, de vierde: zoenen van het lichaam (bijvoorbeeld je borsten), de vijfde: vingeren en aftrekken, de zesde: beffen en pijpen en de laatste stap: neuken.

Love & LEED

Door steeds iets meer te doen – eerst alleen met je hand zijn piemel aanraken, en pas als dat vertrouwd genoeg is met je mond – word je steeds vertrouwder met zijn lijf en wordt het zevende honk eerder spannend dan eng.

Deze volgorde geldt natuurlijk niet voor iedereen. Misschien vind jij aftrekken minder spannend dan gebeft worden en zul je dat dus eerder doen. Meiden vinden het vaak minder eng iets door een jongen te laten doen (dus vingeren of beffen) dan dat ze zelf iets bij een jongen doen. Maar dat geldt voor veel jongens natuurlijk ook.

VERGELIJKEN MET VRIENDINNEN

Alle eerste keren zijn spannend en daar is seks bepaald geen uitzondering op. Ook al heb je alle informatie ingewonnen die er in te winnen valt en zou je per direct als fulltime seksuoloog aan de slag kunnen, de praktijk is heel anders dan de theorie.

De ervaringen van je vriendinnen en alles wat je over seks hebt gelezen kunnen je nooit duidelijk maken hoe het nu écht voelt. Iedereen beleeft het anders. Probeer je beste vriendin maar eens te vertellen over je eerste zoen. Jij kunt je precies herinneren hoe die was, maar je kunt haar nooit door middel van woorden laten voelen hoe hij echt was. Geweldig, ja, en zacht, en ja hoe zeg je dat? Ach, laat ook maar.

Hetzelfde geldt voor de eerste keer. Dat je ene vriendin een beetje heeft gebloed, hoeft niet te zeggen dat dat ook bij jou gebeurt. En die fantastische eerste keer van die andere vriendin is geen garantie dat het voor jou ook fantastisch wordt.

veelgebruikte condoom-smoezen

'Als je van je van me houdt,
doe je het zonder condoom'
Ja, en als hij ook maar een
greintje om jou had gegeven
had hij dit nooit gezegd. Opstaan. Kleren aan.
Wegwezen. Nu!

'Ik voel helemaal niets met condoom'
Onzin! Misschien was dit zo in de tijd dat condooms
van varkenshuid werden gemaakt, maar
tegenwoordig zijn ze zo dun dat hij ze echt niet voelt.

'Al die condooms zijn me veel te klein'
Meneer heeft blijkbaar last van grootheidswaanzin.
Geen goed excuus. Bij elke drogist kun je
tegenwoordig condooms in allerlei maten kopen.
Er zit ook vast wel een XXXXL bij voor zijn gevaarte.

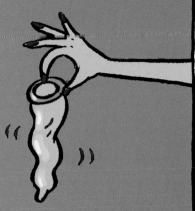

'Ik heb geen soa, ik zweer het je'
Prima, mag je dan nu even
die doktersverklaring zien? In
drievoud, graag. En trouwens,
wie zegt dat jij niets onder de
leden hebt?

'Van de eerste keer word je echt
niet zwanger'
Uhu. Van wie heeft hij seksuele voorlichting gehad?
Alsof hij een of ander supersperma produceert dat
weet dat het voor jou de eerste keer is. Ga toch weg!

'Ik beloof niet in je klaar te komen'
Alsof je van voorvocht niets kunt oplopen. Leuk feitje:
per milliliter sperma komen er 20 tot 50 miljoen (!)
zaadcellen vrij. Er is er echt maar één nodig om
zwanger te worden.

'Van mijn ex hoefde ik nooit een condoom om'
Moet zij weten. Jij ziet een zwangerschap of soa niet
als een statussymbool.

IK WIL JE NU/NOG EVEN NIET *

Seks is pas echt lekker wanneer je geest en lijf
er allebei aan toe zijn. Meestal is je lijf eerder
klaar voor seks (je wordt opgewonden als je
uitgebreid aan het zoenen bent) en is je geest nog niet
zo ver (je wordt al zenuwachtig als je eraan denkt).
Andersom kan het ook voorkomen. Geestelijk ben je er helemaal
aan toe, maar je merkt dat je lijf niet reageert als je gezoend of
gestreeld wordt. Forceer het niet. Waarom zou je je in vredesnaam haasten?
Laat je ook alsjeblieft niet overhalen door verhalen van anderen.
Dat je beste vriendin er wel klaar voor was op haar veertiende,
betekent niet dat jij met je zestien jaar al veel te laat bent.
Gemiddeld zit er vier jaar tussen je eerste zoen en de eerste keer
seks, maar dit is geen richtlijn.
Seks wordt pas echt leuk als je er zin in hebt en je bijna niet
meer kunt wachten je vriendje tussen de lakens te sleuren.

GOED IN BED

De meeste meiden zijn als de dood dat
ze iets verkeerd doen in bed. Daarom
vinden ze het vervelend als hun vriendje
geen maagd meer is of als hij een vriendinnetje met veel ervaring heeft gehad.
Ervaring heeft niets te maken met of je
goed bent in bed of niet. Het gaat erom
wat júllie samen lekker vinden, niet om
de hoeveelheid standjes waarin jij je
lichaam kunt buigen. In bed kun je sim-
pelweg niets verkeerd doen. Niets is stom
of raar op één belangrijke voorwaarde:
jullie allebei moeten het fijn vinden.

* DOORHALEN WAT NIET VAN TOEPASSING IS

Love & LEED

'DIRTY' TALK

Je hoeft echt geen hele gesprekken te houden tijdens de seks, maar soms is het handig aan te geven wat je lekker vindt. En met een 'ja, lekker', zachtjes kreunen of een zwaardere ademhaling kom je al een heel eind. Door jouw reactie weet hij wat jou wel en niet opwindt.

Ieder lijf zit namelijk anders in elkaar. Dat zijn vorige vriendin helemaal week werd van zoenen in haar nek, betekent niet dat elk meisje dit opwindend vindt. Jij moet ook nog ontdekken wat zijn voorkeuren zijn.

Door veel dingen uit te proberen (zachtjes krassen met je nagels over zijn rug, zijn bovenbenen masseren) kom je daar wel achter. Vervelend hoor, dat je zoveel moet oefenen....

fase 6*
vriendinnen

Perfect combi

ER ZIJN VERHALEN BEKEND VAN MEIDEN DIE VERLIEFD WERDEN EN DOOR HUN VRIENDINNEN NOOIT MEER TERUG WERDEN GEZIEN. NERGENS VOOR NODIG! EEN VRIENDJE EN VRIENDINNEN GAAN PRIMA SAMEN!

Je hoeft zijn aftershave maar te ruiken of de hormonen gieren al door je lijf. Het liefst ben je de hele tijd bij hem. Je vriendinnen? Ja, die ken je al door en door. Maar hem nog niet, dus eh... willen ze je daar even de tijd voor gunnen? Verliefd zijn vreet namelijk tijd. Tijd waarin je hem en jezelf op een heel andere manier leert kennen. Wanneer je vriendinnen echt je vriendinnen zijn zeuren ze niet. Ze zijn juist blij dat je gelukkig bent. Maar er zijn grenzen.

AANDACHT, GRAAG!

Misschien is het een open deur, maar zorg
wel dat jij een echte vriendin bent voor je
vriendinnen en dat de tijd die je met hen
doorbrengt *quality-time* is. Niets is erger
dan met een vriendin in gesprek zijn
die om de haverklap haar nieuwe
vriendje belt of sms't.

Geef aandacht aan je vriendin, ook
al interesseert het je op dit moment
even niet dat ze ruzie met haar ouders
heeft. Nu komt het eropaan dat jij er
voor haar kunt zijn. Wie weet heb jij
ook haar (*cross your fingers*) over een
paar maanden weer keihard nodig.
Een andere valkuil is het de hele tijd
over 'wij' hebben. Kon je twee maanden
terug nog prima voor jezelf denken, nu
denk je ineens voor twee: 'Wij vonden
die film geweldig', 'wij hebben daar zo
om gelachen', 'wij vonden het zater
dag zo druk in de stad'. *Come on, hon.*
Blijf jezelf.

BOYS ARE STUPID

Als je met je vriendinnen bent, ga dan niet opeens allerlei wijs-
heden uitslaan op het gebied van jongens omdat je nu toevallig
een meisje mét bent. Sterker nog, als je bij je vriendinnen bent,
ziek en zeik dan net zo hard met ze mee over jongens die niet
terugbellen als voorheen.

Je vriendinnen hebben echt niet altijd zin in jouw succesver-
halen als één van hen net weer een drama-exemplaar heeft
ontmoet. Je vriendinnen hebben sowieso geen zin meer om
uren te luisteren naar jouw verhalen over hem.

je vriendje vraagt zich af waarom meiden altijd...

...samen naar de wc gaan

WANT HIJ: *gaat naar de wc om te plassen. En daar heeft hij zijn beste vriend echt niet voor nodig.*

MAAR JE VRIENDINNEN WETEN ALLANG: *dat met zijn tweeën naar de wc gaan nu eenmaal praktischer en gezelliger is. De ene vriendin heeft mascara bij zich en de ander deodorant. Bovendien is de wc ook de ideale plek om een update over hem te geven.*

...zeuren dat ze te dik zijn

WANT HIJ: *kan een week lang fast food eten zonder aan te komen. Hij snapt dan ook echt niet waar jij je druk over maakt.*

MAAR JE VRIENDINNEN WETEN ALLANG: *dat je jezelf soms echt dik vindt. En dat je dan graag wil horen dat je dat absoluut niet bent.*

...uren kunnen bellen terwijl ze niets te vertellen hebben

WANT HIJ: *is na het bespreken van de voetbalwedstrijd en dat ene lekkere wijf echt wel uitgeluld.*

MAAR JE VRIENDINNEN WETEN ALLANG: *dat jullie elkaar altijd wat te vertellen hebben. En zo niet: dan herhaal en analyseer je alles nog een keer tot in detail.*

...in groepjes dansen

WANT HIJ: *gaat alleen de dansvloer op als hij genoeg biertjes opheeft en zijn hersens zo verdoofd zijn dat het hem niet meer interesseert dat hij motorisch gestoord lijkt.*

MAAR JE VRIENDINNEN WETEN ALLANG: *dat met je vriendinnen dansen een tijdelijke oplossing is, omdat hij de meeste tijd aan de bar staat te hangen en je toch wil dansen.*

...hand in hand willen lopen

WANT HIJ: *snapt niet wat jullie zo prettig vinden aan zweethandjes.*

MAAR JE VRIENDINNEN WETEN ALLANG: *dat het superromantisch is als een jongen er openlijk voor uitkomt dat jij zijn vriendin bent.*

Na een tijdje zul je merken dat die behoefte om steeds over hem te praten afzwakt. Het wordt zelfs een beetje gênant. Nu je een vertrouwensband met hem hebt opgebouwd, heb je helemaal geen zin meer om alle geheimen die jullie twee hebben door te vertellen. Hoogstens je beste vriendin hoeft te weten dat jullie al gedagdroomd hebben over samenwonen.

ZE MOGEN HEM NIET

Je hoopt dat je nooit met dit probleem te maken krijgt, maar het kan gebeuren dat je vriendinnen je vriendje niet mogen of andersom. Als je vriendinnen hem niet mogen, vraag dan voordat je in de verdediging schiet eens waaróm ze hem niet mogen. Is het omdat hij zoveel van jouw tijd in beslag neemt? Dan ligt de fout bij jou. Jij weet blijkbaar jouw aandacht niet goed te verdelen, daar kan hij niets aan doen.

Een andere veelvoorkomend verwijt is dat jij zo veranderd bent sinds je met hem bent. Maar ook dat ligt
meer aan jou dan aan hem. Natuurlijk veranderen bepaalde
dingen wanneer je een vriendje hebt. Misschien ga je vaker uit,
of blijf je juist vaker thuis in het weekend. Of je leert andere
mensen kennen met wie je ook wil omgaan.

Leg je vriendinnen uit dat iedereen zich aanpast als hij net
verkering heeft, maar dat je daardoor niet een compleet ander
mens bent geworden. Laat je vriendinnen zien dat je nog steeds
dat gekke wijf bent met wie ze ooit vriendinnen zijn geworden.
Maar misschien mogen ze je vriendje niet om een
heel andere reden, bijvoorbeeld omdat ze hem
arrogant vinden. Word niet gelijk boos op je vriendinnen, maar bedenk dat zij nu eenmaal (nog) niet
zien wat jij in hem ziet. Geef ze de tijd om aan hem te
wennen.

OVEREENKOMST: JIJ!

Hetzelfde geldt wanneer jouw vriendje je vriendinnen niet mag.
Jongens voelen zich door een hele groep meiden al gauw
geïntimideerd en door te zeggen dat hij ze niet mag,
kiest hij eigenlijk gelijk de vluchtroute.

Roept hij na een tijdje nog steeds dat jouw vriendinnen een stel rare wijven zijn, vraag je dan heel hard
af of deze jongen wel wat voor jou is. Een jongen die
iemand zijn vriendinnen niet 'gunt' is toch op zijn minst
vreemd te noemen. Breng hem aan
zijn verstand dat hij en die
'wijven' in ieder geval één
overeenkomst hebben: ze
vinden jóu leuk.

fase 7 *
foute
jongen

Love is blind

NIEMAND KAN JE ZO LATEN
STRUIKELEN OP HET PAD DER
LIEFDE ALS EEN FOUTE JONGEN. EN
HOEWEL KRASSEN OP JE HART NOOIT
ZIJN TE VOORKOMEN, EEN GAPENDE
WOND ALS GEVOLG VAN EEN *BAD BOY*
IS NU OOK WEER NIET DE BEDOELING.

Volgens het gezegde maakt liefde blind. Als dat waar is dan maakt verliefdheid blind, doof en gevoelloos. Als je van je vriendje houdt, zie je namelijk echt wel dat hij laks is, oeverloos kan lullen over die ene goal en er soms niet echt geweldig uitziet.

Als je verliefd bent, heb je dat allemaal niet door. Als je naar hem kijkt, zie je hem door een roze bril. Je vindt hem zo geweldig dat je zijn mindere kanten, als je die al ziet, voor lief neemt. *Who cares* dat hij niet op je verjaardag kan komen omdat hij zijn vrienden al heeft beloofd te gaan stappen?

Nou, gelukkig zijn de mensen om je heen niet blind, doof en gevoelloos. Hun commentaar kan overkomen als bemoeizucht, maar (ja, hier komt het cliché) je ouders en je vriendinnen hebben het beste met je voor. Ze hebben liever dat ze het tien keer bij het verkeerde einde hebben, dan dat ze één keer hun mond houden en jij genadeloos onderuit gaat.

En draai het eens om: jij waarschuwt je vriendinnen toch ook als ze omgaan met een type dat jou niet helemaal zuiver lijkt? Iedereen kan je tot in den treure waarschuwen, uiteindelijk moet je er toch zelf achterkomen. Helaas vaak wel te laat.

ROOKSIGNALEN

Foute types herken je niet aan de buitenkant (hoewel een tatoeage in zijn hals met 'Die all' een aanwijzing kan zijn). Je herkent ze pas als je er tijdje mee omgaat. Als hij bijvoorbeeld altijd het onderwerp van gesprek is, is er iets aan de hand. Een stempel als *player* kan ongegrond zijn, maar waar rook is, is vuur. Wees dus voorzichtig als je regelmatig verhalen hoort over vreemdgaan, zijn rotzakkerige omgang met meiden en zijn loverboy-achtige praktijken. Want ook al is er maar de helft van waar, dan is het nog goed je vraagtekens te zetten bij deze jongen. Ook mag je je wenkbrauwen fronsen, wanneer blijkt dat hij geen vrienden heeft. En dan bedoelen we niet weinig vrienden, maar helemaal geen vrienden. Als er niemand is die hij in vertrouwen kan nemen en andersom, dan is dat op zijn minst vreemd te noemen.

NET VRIENDIN-AF

Niet gelijk fout, maar ook niet het meest geschikt als date zijn de jongens die net uit een relatie komen. Grofweg kun je deze jongens opdelen in twee categorieën: de jongens die er van balen dat het uit is en de jongens die er blij om zijn.

De eerste kun je herkennen aan hangende schouders en de blik van een geslagen puppy. Jongens uit deze categorie zijn nog

hoe goed fout is hij?

	Foute jongen	Goede jongen	Geweldige jongen
Smsen	smst niet of zelden terug	smst meteen terug	smst uit zichzelf
Betalen	laat jou alles betalen	betaalt de helft	trakteert je
Verjaardag	vergeet je verjaardag (of komt met een tegoedbon aan)	neemt een persoonlijk cadeautje voor je mee	organiseert een supriseparty
Complimentjes	geeft ze pas als je hem hints geeft	geeft ze uit zichzelf	laat regelmatig merken dat je het leukste meisje van de wereld bent
In bijzijn van vrienden	negeert je	betrekt je bij gesprekken	geeft je een zoen en zegt hoe leuk je bent

lang niet over hun vriendin heen en hebben dan ook helemaal geen zin in een nieuwe relatie. Mocht zo'n jongen wel avances maken, dan wil hij jou waarschijnlijk alleen ter vervanging van zijn vriendin. Dit komt vaak voor bij jongens die heel lang een vriendin hebben gehad en gewend zijn in een relatie te zitten. Totaal anders is de jongen die zich gedraagt alsof hij net vrij is gekomen uit een gijzelingsdrama. Hij is zo blij dat ein-de-lijk van 'die claimerige chick' af is, dat hij vanaf nu geen enkel feestje meer over slaat. En zolang hij er plezier in heeft om elk feestje stomdronken te worden met zijn 'maties', wil hij echt geen vriendin die hem zijn nieuwverworven vrijheid weer ont- neemt. Niet echt de moeite waard om je energie in te steken dus.

JONGEN MÉT

Jongens waar je ook met een grote boog om heen mag lopen, zijn de jongens die je ver- sieren, ook al hebben ze een vriendin. Deze jongens kunnen je het gevoel geven dat je heel bijzonder bent doordat hij *inside information* met jou deelt over zijn vriendin. Hij vertelt je bijvoorbeeld dat hij haar helemaal niet meer zo leuk vindt en dat hij jij veel mooier vindt.

Dikke kans dat deze jongen een vaste vriendin benauwend vindt, maar te laf is om het uit te maken. En tenzij je een zwakke positie in een driehoeksverhouding ambieert, kun je beter niet op zijn avances ingaan. Want net zoals getrouwde mannen hun vrouw en kinderen zelden verlaten voor hun min- nares, gaat deze jongen zijn vriendin niet aan de kant zetten voor jou.

En trouwens, mocht hij het wel doen, dan heb je al geen goede basis. Want wie zegt dat hij, terwijl hij met jou heeft, niet op zoek gaat naar een vriendinnetje voor erbij?

TWENTY-SOMETHING

De meeste meiden vallen niet op jongens van hun eigen leeftijd. Ze vinden ze kinderachtig en hebben liever iemand tegen wie ze

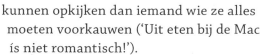

kunnen opkijken dan iemand wie ze alles moeten voorkauwen ('Uit eten bij de Mac ís niet romantisch!').

Heel vreemd is dat ook niet, want meiden zijn geestelijk ongeveer twee jaar verder dan jongens. Sommige meiden zijn nog weer wat verder en daten het liefst met jongens van twintigplus. En natuurlijk is echte liefde tegen alles bestand, maar wees wel voorbereid op onbegrip van de buitenwereld als je besluit te gaan voor een *twenty-something guy*.

Een heldere grens van wat té oud is bestaat niet, maar alles boven de vijf jaar leeftijdsverschil wordt *tricky*. Wat ziet een volwassene in een schoolgaand meisje? Anderen vragen zich dat af en ook jij zelf moet je dat serieus afvragen. Waarom heeft hij geen vriendinnetje van zijn eigen leeftijd? Waarop is de verliefdheid gebaseerd?

Er is een grote kans dat zijn ouders en zijn vrienden jou niet serieus nemen omdat je nog zo jong bent. Je zult dus steeds moeten bewijzen dat je wel volwassen genoeg bent om met de 'grote mensen' mee te kunnen praten.

Andersom krijgt je vriendje het ook niet makkelijk. Wedden om een maandsalaris dat je ouders niet staan te springen wanneer jij thuiskomt met een oudere jongen? Hij zal moeten bewijzen dat hij goede bedoelingen met je heeft en niet alleen op seks uit is. Oudere jongens hebben vaak meer ervaring met seks. En ook al heb jij de hele *Kamasutra* uitgeprobeerd, hij heeft een voorsprong van een aantal jaar op jou.

Kunnen jullie je over de moeilijkheden heenzetten, dan zal na een paar jaar het leeftijdsverschil minder opvallen. Zestien en eenentwintig is een groot verschil, vijfendertig en dertig klinkt al heel anders.

fase 8 *
zijn vrienden

One of the guys

ZE HOUDEN GEEN SHOPMIDDAGEN. ZE
PRATEN NIET UREN OVER HUN GEVOELENS.
ZE DOEN NIET AAN VETTE RODDELS.
WAT JE VRIENDJE DAN IN VREDESNAAM
ZIJN VRIENDEN DOET? IETS MET
GENIETEN EN DRINKEN MET MATE(N)
OR SOMETHING LIKE THAT. TOCH?

Je hebt van die jongens die op slag veranderen als ze in de buurt komen van hun vrienden. Hij laat je hand los, noemt je *chickie* en gaat opeens heel luidruchtig grote verhalen ophangen. *Excuse me*? Waar is die lieve jongen gebleven die je een uur geleden nog kusjes op je voorhoofd gaf omdat je het mooiste voorhoofd *ever* had?

In plaats van hem in het bijzijn van vrienden te vragen of hij soms lijdt aan een meervoudige persoonlijkheids stoornis, kun je beter even wachten tot jullie met zijn tweeën zijn, anders voelt hij zich in een hoek gedreven.

Waarschijnlijk heeft hij een reputatie bij zijn vrienden hoog te houden. Hij zal ze wel even dubbel zo hard willen bewijzen dat hij niet ver- anderd is, ondanks dat hij een vriendin heeft. Daarom maakt hij nu wel vrouwonvriendelijke grapjes of praat hij net even wat harder over seks.

Het is behoorlijk triest dat hij denkt dat hij zich zo'n stoere houding moet aanmeten. Grote kans dat hij het niet eens met opzet doet. Jongens onder elkaar doen nu eenmaal wat stoerder dan wanneer ze alleen zijn.

Dat wil overigens niet zeggen dat je alles maar hoeft te pikken. Dat hij zich de eerste keren dat je zijn vrienden ontmoet geen houding weet te geven, is misschien wel logisch. Maar na een tijdje moet hij ook zo stoer zijn om lief tegen je te doen in het bijzijn van zijn vrienden.

Een flauwe grap over domme blondjes terwijl jij ook blond bent kan misschien nog net. Maar hij mag je niet belachelijk maken, bijvoorbeeld door iets te vertellen wat jij hem in vertrouwen hebt verteld, alleen om te 'scoren' bij zijn vrienden.

Andersom geldt het trouwens ook: ga geen *juicy* details over je vriendje vertellen om je geliefd te maken bij zijn vrienden. Dan krijgt hij het idee dat hij zich nog stoerder voor moet doen.

LOMP

Je moet het niet forceren, maar soms is het handig je een beetje als *'one of the guys'* te gedragen wanneer jullie bij zijn vrienden zijn. Door een 'lekker wijf' aan te wijzen voor zijn beste vriend scoor je geheid punten. En door mee te grijnzen om de grappen van zijn vrienden laat je zien dat je relaxed bent.

De meeste vrienden zijn bang hun maat te verliezen aan een zeurend meisje-meisje bij wie hij onder de plak zit. Val je vriendje dus niet in bijzijn van zijn vrienden af en heb niet op elk opgeboerd alfabet commentaar.

Jongens
onder elkaar

Jongens begrijpen niet hoe meiden met elkaar omgaan. En als je een groepje jongens bestudeert, zie je ook eigenlijk meteen dat dit een heel andere wereld is.

- Als iemand van hun groepje tien minuten te laat de voetbalkantine binnenkomt moet iedereen dat weten ('Heeey homo! We zitten hier!'). Voor veel jongens is 'homo' een favoriet scheldwoord. Zouden homovrienden elkaar uitschelden voor hetero?
- Dat ze ook ooit een voornaam hebben gekregen van hun ouders, dat zal wel. Jongens noemen elkaar bij de achternaam of verzinnen bijnamen als Pilsner en Lange.
- Bij de begroeting elkaar drie zoenen of een hand geven? Echt niet! Een harde stomp op je schouder is pas een teken van vriendschap.
- Een boer of een ruft gelaten? Way to go, dude!

Zij zijn ook niet helemaal zichzelf. Vooral in het begin zullen ze door hun lompheid aan te dikken uittesten of jij wel goed genoeg bent om de vriendin te zijn van hun vriend. Ze willen zien dat jij hun vriend aankunt, maar niet over hem heen walst.

Zodra jullie elkaar beter kennen, komen hun manieren wel terug. En zo niet: dan heb je genoeg *credits* opgebouwd om er voortaan wel wat van te zeggen.

COMPLETER BEELD

Door met zijn vrienden om te gaan leer je je vriendje beter kennen. Je hoort verhalen over hem van 'voor jouw tijd'. Hoe hij zich altijd gedroeg, zijn stoere acties, zijn blunders en hoe hij was met ex-vriendinnetjes. Zo krijg je een steeds completer beeld van hem.

Nu snap je bijvoorbeeld opeens waarom hij soms zo jaloers kan doen (omdat zijn eerste vriendinnetje hem bedroog) of waarom hij zo veel tijd besteed aan school (hij is vorig jaar bijna blijven zitten).

Als jongens onder elkaar zijn barsten de verhalen los. Als je het handig aanpakt, door zo nu en dan nonchalant iets op te merken of een vraag te stellen, kom jij dus veel te weten over je lief.

BESTE VRIENDIN

Behalve zijn beste vriend, die zijn beste vriend is omdat hij die het langst kent (jongenslogica), heeft hij natuurlijk meer mensen met wie hij het goed kan vinden. Grote kans dat er in zijn vriendengroep ook een aantal meiden zitten. Ze kunnen 'aanhang' zijn, maar ze kunnen ook bij het groepje horen omdat ze het allemaal gewoon heel goed met elkaar kunnen vinden. Misschien is een zo'n meisje wel een *close* vriendin van je vriend.

Hoewel dat voor de meeste meiden even slikken is – hij deelt zijn gevoelens ook met een ander meisje – hoeft dat echt geen probleem te zijn. Jaloers zijn op haar is misschien een instinctieve reactie, maar is niet helemaal nodig. Bedenk dat wanneer ze wat met elkaar wilden, ze allang een relatie hadden gehad. En draai het eens om: jij hebt toch ook jongensvrienden waarmee je niks wil? Als de jaloezie blijft aanhouden, is het misschien een idee om eens te vragen waarom ze niets met elkaar hebben. Wedden dat ze beiden met gemak duizend redenen kunnen noemen?

fase 9*
bij hem thuis

Meet the parents

TUSSEN JOU EN JE LOVER GAAT HET ZO GOED, DAT HET DE HOOGSTE TIJD WORDT OM UIT TE VINDEN UIT WAT VOOR SOORT NEST HIJ KOMT. HIER MET DIE PARELS EN HET NETTE VESTJE, OP NAAR DE SCHOONOUDERS.

Een eerste ontmoeting met je schoonouders is als een sollicitatiegesprek voor een baan die je al hebt. En ook bij je schoonouders mag je je goede eigenschappen wat aandikken.

Spreek ze in het begin altijd aan met 'u' en 'mevrouw' en 'meneer' totdat ze zelf zeggen dat je 'je' mag zeggen en ze bij hun voornaam mag noemen. Laat zien dat je weet hoe het werkt. Wat ook altijd bonuspunten oplevert bij schoonmams: vraag of je mee kunt helpen als ze bijvoorbeeld de tafel afruimt.

Het is handig om je van tevoren door je vriendje te laten inlichten over zijn familie. Zo kun je makkelijk inhaken op bepaalde onderwerpen ('U werkt toch in de verpleging?') en laat je zien dat je geïnteresseerd bent.

Probeer gespreksonderwerpen als geloof, politiek en andere zware onderwerpen te vermijden.

Over seks kun je beter helemaal zwijgen. Zijn ouders zitten echt niet te wachten op seksueel getinte opmerkingen over hoe geweldig hun zoon op alle vlakken – 'If you know what I mean' – is.

21.00: BEZOEK AAN SCHOONOUDERS

Als je voor het eerst naar zijn ouders gaat, maak dan van tevoren een afspraak. Als ze weten dat je komt kunnen ze zich voorbereiden. Het is heel vervelend voor een vader of moeder als ze hun aanstaande schoondochter alleen maar water kunnen

aanbieden, omdat er nog geen boodschappen zijn gedaan. Zorg dat je de vuurdoop niet tijdens een verjaardag of ander familiefeest hebt. Dan ben je de hele avond bezig met je aan mensen voorstellen (wie je bent, wat je doet en waar je vandaan komt). Echt kennismaken met je schoonouders doe je dan nog niet. Op morele steun van je vriendje hoef je ook niet te rekenen, die zit de helft van de avond bij te praten met zijn neven. Het eerste bezoekje aan je schoonouders kan prima op een zaterdagavond, voordat jullie iets anders gaan doen. Je stelt je voor, drinkt, praat en lacht wat en hup, de stad in!

GEEN BIG HAPPY FAMILY

Ook al halen zijn ouders het bloed onder de je nagels vandaan, val ze nooit af. Het is een soort ongeschreven regel dat je over je eigen ouders mag zeiken, maar nooit over die van anderen. Bespreek je irritaties liever met je vriendinnen, of nog beter, met je ouders. Vaak weten ouders precies wat andere ouders met iets bedoelen.

Heb je het gevoel dat zijn ouders jou niet mogen? Praat erover met je vriendje. Misschien doen zijn ouders afstandelijk omdat ze jullie eigenlijk te jong vinden voor een relatie. Of misschien hadden ze op een keurige schoondochter gehoopt.

Aan bepaalde dingen kun je wel wat veranderen, maar je hoeft je in hun bijzijn echt niet totaal anders voor te doen. Bedenk dat je verkering hebt met hém en niet met zijn ouders.

Bij heel veel stellen komt het voor dat ze hun schoonfamilie alleen op verjaardagen zien. Shopmiddagen met je schoonmoeder kunnen ontzettend leuk zijn als je het goed met haar kunt vinden, maar forceer het niet. Je hebt tenslotte al ouders.

je moeder!

Heel vreemd, maar vaak blijkt uit grappen dat de schoonvader makkelijker is in de omgang dan de schoonmoeder. En aangezien in elke grap een kern van waarheid zit, hier the mommas bij wie je met alle liefde doet alsof je plotseling doof bent.

'Mijn zoon is perfect'

Heeft hij in een dronken bui een verkeersbord uit de grond getrokken en ben jij boos op hem? Zijn moeder niet. Zij beschermt haar jongen. Hij deed dat omdat zijn vrienden hem dronken hadden gevoerd. En als hij in diezelfde dronken bui iemand bewusteloos slaat, verklaart zij met een vertederde glimlach dat hij ontoerekeningsvatbaar was op dat moment. Want haar jongen zou zoiets anders nóóit doen.

Haar jochie is haar alles en iedereen mag weten hoe trots ze op hem is. Wees voorbereid op ellenlange verhalen over hoe belachelijk snel hij als peuter al kon lopen, hoe hij schitterde in de schoolmusicals (zet je schrap voor de videobanden die worden opgediept) en hoe fantastisch hij haar behandelt, de schat.

Mocht je je vriendje nog niet helemaal over de top geweldig vinden, dan vind je dat wel na één gesprek met schoonmams. Schoonmams zelf is overigens wel gezakt in de populariteitspoll. Mag er even gebraakt worden?

'Ik heb altijd een zoon gewild, maar niet per se hem'

Het is echt niet dat hij zijn mannetje niet weet te staan, maar als je ziet hoe het bij hem thuis gaat, krijg je haast medelijden met hem. Werkelijk niks kan hij goed doen in haar ogen. Als hij zijn kamer heeft opgeruimd, zal ze eerder een vinnige opmerking maken ('Nou, dat werd tijd ook') in plaats van hem te bedanken. Of ze nu gewoon een feeks is of dat ze alleen een probleem heeft met hem, haar humeur daalt zodra hij in haar zicht komt. Geen wonder dat hij het liefst elke avond bij jou of zijn vrienden zit (waarna zij hem natuurlijk weer verwijt dat hij doet of hij in een hotel woont... Zucht).

'Jij pakt mijn zoon af'

Kun je koken? Doe je je eigen was? Weet je hoe je een bed op de juiste manier opmaakt? De eerste ontmoeting met schoonmams lijkt meer een sollicitatiegesprek voor huishoudelijke hulp dan een vriendelijk kennismakingsgesprek. En met een reden: ze wil je namelijk graag even precies vertellen wat zij allemaal wel voor haar zoon doet.

Jij bent nog lang niet zo ver als zij en je hebt dus ook nog lang niet het recht om de plek van belangrijkste vrouw in zijn leven in te nemen. Dat je het even weet. Gelukkig was het ook nooit jouw bedoeling zijn moeder te worden. Dat zij dat even weet.

'Ik zal jou wel eens even opvoeden'

Zodra je een voet over de drempel hebt gezet, hoor je haar
al vanuit de keuken vragen of je wel je voeten veegt.
En wil je ook even je jas aan de kapstok hangen, daar
is die tenslotte voor bedoeld, dank je! Alsof je je eigen
moeder hoort!
Deze schoonmoeder is met recht een moeke te noemen.
Iedereen die onder de dertig is en als vriend of vriendin van
haar zoon over de vloer komt zal zij wel eens bemoederen.
In principe bedoelt ze het allemaal goed, maar met die
instelling voedt je eigen moeder je ook op en daar erger je je
ook al aan.
Niet gek dus dat je soms wel wil uitgillen dat zij je moeder
niet is. Gelukkig weet je je altijd nog te beheersen. Zie je nu
wel dat je opvoeding genoeg hebt gehad?

fase 10 *
vakantieliefde

I luv yoe

OF JE NU NAAR TERSCHELLING OF LLORET
DE MAR GAAT, EEN VAKANTIELIEFDE KUN
JE OVERAL OPDOEN. EN AL IS JE VAKANTIE
OOK WEL COMPLEET ZONDER, MÉT IS-IE
TOCH NET WAT LEUKER...

Al sinds de aanschaf van je agenda staat het er met een vet uit-
roepteken in: zomervakantie! Twee hele maanden geen school,
uitslapen tot je er moe van wordt en elke avond stappen alsof
het zaterdagavond is. De wereld is van jou. Tel daarbij op de
zongebruinde blote bovenlijven en het is haast onmoge-
lijk om geen kriebels te krijgen.
Niet zo raar dus dat je je op vakantie anders gedraagt.
Je voelt je vrijer en je doet soms dingen die je niet achter
jezelf had gezocht. Op de eerste avond met een jongen zoenen
van wie je de naam niet eens weet bijvoorbeeld. Of na drie
dagen met je vakantielover naar bed gaan, omdat het lijkt alsof
je hem al jaren kent.
En daar is ook wel wat voor te zeggen: de meeste vakantieliefdes
zijn kort maar heftig. Kort, omdat er nu eenmaal een tijdslimiet
aan zit, en heftig omdat alles veel sneller en intensiever gaat.
Versieren gaat veel gemakkelijker. De angst voor een afwijzing
is minder omdat je hem toch na een week nooit meer ziet. En in
plaats van na meerdere afspraakjes afwachten of het wat wordt,
zijn jullie op vakantie al veel sneller een *item*. Je ziet elkaar ook

veel vaker. Het begint 's ochtends al op het strand en het gaat door tot 's avonds laat. Zou je het met een jongen thuis veel rustiger opbouwen – je ziet hem misschien een uur of tien in de week – hier zie je je vakantievriendje tien uur per dag. Als het goed voelt om dezelfde week al met hem te zoenen of verder te gaan, dan kun je dat natuurlijk doen.

Maar bedenk wel dat veel jongens – net als veel meiden, trouwens – veel *easier* zijn op vakantie. En als je begint met seks, blijft het daar vaak alleen om draaien. Dan is seks het enige wat jullie gemeen hebben.

Wees daarom extra voorzichtig met vakantieliefde, vooral met de *local boys* in landen als Frankrijk, Spanje en Italië. Daar ligt het percentage mensen met een soa veel hoger.

VAN EIGEN BODEM

Ja, hoor. Heb je net drie uur gevlogen, vijf kwartier in de bus gezeten, sta je aan het einde van de eerste avond te zoenen met een jongen uit Utrecht. Daar gáát je romantische vakantieliefde. Aan de andere kant is het wel zo gemakkelijk communiceren én het maakt de kans op een vervolg in Nederland groter.

Je bent echt niet de enige die in het buitenland met een jongen van eigen bodem eindigt. De meeste meiden gaan toch het liefst voor een Nederlandse jongen. Andere populaire vakantieliefjes zijn de Spaanse en Italiaanse jongens.

Neem de uitspraken van die laatste jongens trouwens met een flinke schep zout. In Nederland leren we Engels op school. In heel veel andere landen leren ze dit niet, met als gevolg dat Spaanse, Italiaanse, Franse en zelfs Duitse jongens heel gemakkelijk dingen als '*I love you*' zeggen omdat dit de enige Engelse woorden zijn die ze kennen. *Watch out,* dus.

JUST A SUMMERLOVE

Alle romantische ideeën te spijt, de meeste vakantieliefdes eindigen zodra je weer naar huis gaat. Nou ja, misschien houden ze nog een maandje of twee stand door msn- of sms-contact, maar daarna sterven de meeste toch wel een langzame dood.

Natuurlijk zijn er ook geweldige *love stories* bekend van mensen die elkaar tegenkwamen op vakantie en daarna nooit meer loslieten, maar dat is meer uitzondering dan regel. De meeste vakantieliefdes zijn niet bestand tegen grote afstanden, de basis is gewoon te dun om op voort te bouwen. Ook gebeurt het vaak dat een vakantieaffaire die in de zomer nog zo mooi leek, in *real life* tegenvalt. De zon is weg en zijn mooie bruine kleurtje is vervaagd. In plaats van nachtenlang naar de sterren kijken, moeten jullie 's avonds gewoon weer vroeg naar bed en de volgende dag op tijd naar school. Weg vrijheid. Weg romantiek. *Goodbye* vakantieliefde.

LANGEAFSTANDSRELATIE

Maar wat nou als je zo verliefd bent dat je helemaal niet wil dat het stopt? Dat jullie meer in elkaar zien dan zomaar een *summer love*? Misschien hebben jullie al besproken dat jullie na de zomer met elkaar verdergaan en ook al hoe je dat gaat aanpakken. Bedenk daarbij dat langeafstandsrelaties lastig zijn. Helemaal

nederlandse jongens lokken in het buitenland

- *Neem een Nederlandse vlag mee en gooi deze over je balkon of hang 'm aan je tent.*
- *Draai vooral veel (en hard) foute Nederlandstalige muziek.*
- *Laat van tevoren een shirtje bedrukken met een Nederlandse tekst.*

wanneer je nog maar pas verliefd bent, want dan wil je niets
liever dan bij elkaar zijn. Maar als je ver bij elkaar vandaan
woont, kun je niet zomaar voor een uurtje bij elkaar langsgaan.
Je zult echt weekendjes moeten gaan plannen.

En ben je een weekend bij hem, dan kun je niet even langs bij
een vriendin. Vaak zie je dat andere vriendschappen worden
verwaarloosd. Ging je vroeger elk weekend met je vriendinnen
dingen doen, nu ben je er om de week een weekend niet.

En die tijd bij je vriendje is ook al gelijk *heavy*. Je gaat tenslotte
niet voor een dagje op en neer als je drie uur in de trein moet
zitten. Rustig aan doen zit er even niet in. Je blijft gelijk bij hem
slapen en leert al snel zijn ouders en vrienden kennen.

Ook jammer, van een gezamenlijke vriendengroep is geen
sprake. Jouw vrienden zullen niet snel die van hem ontmoeten
en andersom. Als jullie uitgaan dan is het altijd of met zijn
groepje of met dat van jou.

Toch heeft een langeafstandsrelatie ook voordelen. En het
kan zeker werken als jullie er allebei vertrouwen in hebben.
Vertrouwen in elkaar – helemaal nu je niet kunt zien of
via via kunt horen wat hij uitspookt – is de *key* van elke
langeafstandsrelatie.

LANGEAFSTANDS- OF WEEKENDRELATIE

Voors	Tegens
In de tijd dat je elkaar niet ziet, kun je lekker je eigen gang gaan.	Je zit het hele weekend met hem en dus niet met je vrienden.
Je hebt elke week weer tijd om elkaar te missen.	Telefoon- en reiskosten lopen hoog op.
Als jullie bij elkaar zijn hebben jullie ook echt alle aandacht voor elkaar.	Je kunt niet zomaar even spontaan bij elkaar langs gaan.

Date or mate

VIJF JAAR GELEDEN WERD JE NIET ONDERWORPEN AAN EEN VRAGENVUUR ALS JE BEVRIEND WAS MET EEN JONGEN. NU MOET JE TEGENOVER IEDEREEN VERDEDIGEN DAT JULLIE ECHT NIETS MET ELKAAR HEBBEN. MAAR KUN JE WEL 'GEWOON' BEVRIEND ZIJN MET EEN JONGEN? EN WAT VINDT JE *LOVER* DAARVAN?

Wie zegt dat een vriendschap tussen een jongen en een meisje niet kan, heeft waarschijnlijk zelf nooit zo'n vriendschap gehad. Want waarom zou het niet kunnen? Omdat jullie vroeg of laat toch wel gevoelens voor elkaar krijgen?
Bevriend zijn met een jongen kan prima. Maar dit is inderdaad een vraag die je jezelf en hem moet stellen: hoe zit het met jullie gevoelens? Is het puur vriendschap of stiekem toch meer? Hier zul je een antwoord op moeten hebben voordat je hem een vriend kunt noemen. Hoe zou je het vinden als hij je probeerde te zoenen? Zou je met hem kunnen vrijen?
Jij bent echt niet de enige die hier over nadenkt. Ook hij vraagt zich af of jij een potentieel vriendinnetje bent. Spreek deze dingen uit. Dat hoeft echt niet in een serieus gesprek, dat kun je ook heel luchtig opmerken. Bijvoorbeeld: 'Word jij er ook zo moe van dat iedereen denkt dat we wat met elkaar hebben? Alsof een

jongen en een meisje niet gewoon vrienden kunnen zijn.'
Indirect heb je nu gezegd dat jij niets meer in hem ziet dan een
goede vriend en hiermee haal je de seksuele spanning uit de
lucht.

UITSLAAND LIEFDESKOMPAS

Heb jij weer! Heb je net duidelijk gemaakt dat je nooit iets met
je beste vriend wil beginnen, word je verliefd op hem. Dat is wel
het laatste wat je wilde.

Toch is dit niet zo'n wereldprobleem als het lijkt. Je hormonen
kunnen 'gewoon' even met je aan de haal zijn gegaan. Of misschien heb je alleen maar een *crush* op hem en ben je daar na
een paar weken overheen.

Zo vreemd is het trouwens niet dat je liefdeskompas uitslaat.
Hij is een hartstikke leuke jongen met wie je het ontzettend
goed kunt vinden. En je bent niet de enige. Bijna negentig procent van de meiden zou best eens willen zoenen met haar beste
vriend.

SERIEUS VERLIEFD

Neemt je verliefdheid wel serieuze vormen aan, dan moet je
voor jezelf bepalen wat je hiermee gaat doen. Als een van de
twee verliefd is kan dat de vriendschap behoorlijk doen wanke-
len. Je staat namelijk niet meer gelijkwaardig in de relatie.
Opeens krijgt de voorheen zo
onschuldige
arm rond je
middel een
heel andere
betekenis
voor jou,
terwijl hij
er echt
niets mee
bedoelt.

een vriend...

- kan je precies vertellen waarom jongens soms zo reageren als ze reageren.
- zegt je zonder omhaal dat je er fantastisch of belabberd uitziet. Jongens zien het nut niet in van subtiel zijn.
- houdt sukkels op afstand door te zeggen dat hij je vriendje is.
- maakt een praatje met de jongen die jij wil leren kennen zodat je erbij kunt komen staan.
- beschermt je.

Helemaal rot is het als je beste vriend jouw gevoelens niet beantwoordt. Niet alleen ben je daar verdrietig om, je kunt met dat probleem ook niet meer bij hem terecht. Je beste vriend ís het probleem.

Denk er daarom heel goed over na of je het aan je beste vriend gaat vertellen. Misschien heb je het idee dat hij jou ook wel ziet zitten, maar wees voorzichtig met zulke conclusies. Omdat jij verliefd bent, ga je misschien dingen zien die er helemaal niet zijn. Hij gaf je tenslotte altijd al een zoen op je mond als begroeting. Daar moet je nu niet ineens allerlei dingen achter gaan zoeken. Dat jij verliefd bent, betekent niet dat hij dat ook is.

(FE)MALE

Bevriend zijn met een jongen is in een paar opzichten anders dan met een meisje. Sommige meiden vinden het prettiger om bevriend te zijn met een jongen.

Jongens 'zeuren' minder. Ze voelen zich niet zo snel buitengesloten als je met een stel vrienden wat gaat drinken en hem niet hebt uitgenodigd. Jongens kunnen je ook recht in je gezicht zeggen dat je onzin praat en dat je die problemen met je ouders zelf hebt veroorzaakt. Meiden verpakken een vervelende boodschap vaak zo goed dat hij helemaal verdwijnt tussen de lieve woorden.

Er zijn daarom ook genoeg meiden die liever niet bevriend zijn met jongens. Ze ergeren zich eraan dat jongens zo direct zijn en zien het als lompheid.

Ook zullen jongens bepaalde dingen nooit begrijpen. Dat jij je afvraagt waarom dat ene meisje van een klas hoger lullige dingen over je zegt, snapt hij niet. Hij zegt dat je gewoon op dat meisje moet afstappen om te vragen wat haar probleem is, terwijl dat nu juist niet is wat jij wil horen. Jij wil horen waaróm hij denkt dat zij dat gezegd heeft. Die dingen begrijpen je vriendinnen veel beter.

VRIEND VERSUS VRIENDJE

Je nieuwe vriendje is echt een schat van een jongen, maar ook hopeloos ouderwets. Een meisje en een jongen die bevriend zijn? Ha! Moet hij geloven! Dat is gewoon wachten totdat iemand de eerste *move* maakt.

Betrek je vriendje in het begin zo veel mogelijk bij jullie vriendschap. Neem hem mee op jullie bioscoopavondjes zodat hij met eigen ogen kan zien dat er tussen jou en je beste vriend totaal geen seks in de lucht hangt.

Misschien is het ook een idee om je beste vriend en je vriendje samen op pad te sturen. Vaak is een avond 'jongens onder elkaar' voldoende om je nieuwe *lover* in te laten zien dat hij van je beste vriend geen concurrentie hoeft te vrezen.

is het vriendschap

Jouw reactie op...	Vriendschap
Zijn uiterlijk	Je vindt hem er prima uitzien, maar snapt niet dat er meiden zijn die hem helemaal geweldig vinden. Zijn haar kan echt wel wat beter.
De gedachte met hem te zoenen	Je wordt net zo misselijk als bij de gedachte te moeten zoenen met je broertje.
Een logeer-partijtje op een eenpersoonsmatras	Binnen twee minuten ben je vertrokken. Slapen naast hem voelt hetzelfde als slapen naast je vriendin. Slaapmaskertje over je ogen en trusten!
Zijn vriendin	Natuurlijk vind je het jammer dat hij nu niet meer zoveel tijd heeft voor jou, maar dat ligt net zo goed aan hem als aan haar.
De grapjes dat jullie vriend en vriendin zouden zijn	Je lacht keihard. As if!

of ben je verliefd?

Verliefd

Je vindt hem de knapste jongen die je ooit hebt gezien en snapt niet dat er meiden zijn die dat niet vinden.

Stiekem zou je best willen weten hoe het is om met hem te zoenen.

Je bent er niet helemaal zeker van of je hem zou afwijzen als hij een move zou maken. En eerlijk gezegd ben je ook best benieuwd naar hem in boxershort…

Je kunt haar niet uitstaan. Wat een achterlijk wijf. Bij alles wat hij over haar te klagen heeft, weet jij nog zo een paar dingen meer op te noemen.

Je glimlacht geheimzinnig.

fase 12
irritatie

Troubles in paradise

DACHT JE DAT JE JE EINDELIJK DE EERST KOMENDE TIJD NIET MEER HOEFDE TE ERGEREN AAN LOSERS, SUKKELS EN HUFTERS, BEGINT JE EIGEN VRIENDJE RAAR TE DOEN. VAN ROZE WOLK NAAR DONDERWOLK: TROUBLES IN PARADISE...

In het begin had je niet gedacht dat je ooit iets zou ontdekken wat je niet leuk aan hem zou vinden. Hij was de knapste, de grappigste, de leukste en de lekkerste. Nu weet je wel beter. De mist is opgetrokken en je ziet jongens die veel knapper, grappiger, leuker en lekkerder zijn dan je eigen *lover*. En dat is ook niet zo heel vreemd. Er zal altijd iemand te vinden zijn die knapper is dan je vriendje en er zal ook altijd iemand te vinden zijn die net wat grappiger is.

Maar het gaat om het totaalpakket. Die ene jongen van school is dan wel veel mooier dan je eigen vriendje, zijn reputatie van *player* en zijn botte manier van doen zijn grote minpunten. En

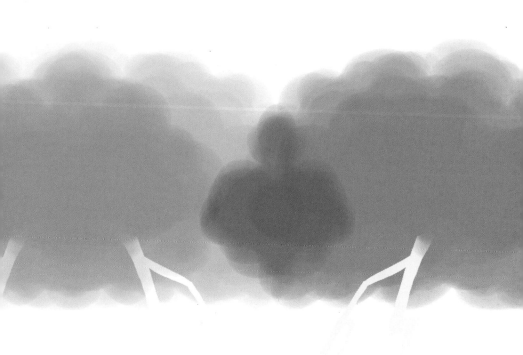

die andere jongen kan dan wel zo aan de slag als *stand-up comedian*, bij jouw vriendje kun je lekker een potje janken als je een rotdag hebt gehad.

Er zijn altijd wel dingen bij andere jongens te vinden die je mist bij je vriendje, maar het gaat om de *big picture*.

COMPENSATIE, PLEASE!

Hij kan echt het bloed onder je nagels vandaan halen met dat populaire gedrag van hem. Werkelijk op elk feestje moet hij in het middelpunt van de belangstelling staan. Maar wacht eens even, was dat niet juist waarom je verliefd op hem werd? Vond je

dat niet ontzettend aantrekkelijk?
Heel vreemd, vaak gaan de eigenschappen die
je in het begin zo leuk vond, je later tegen-
staan. Zijn directheid leg je nu steeds vaker
uit als lomp gedrag. En dat lieve van hem, dat
is niet omdat hij lief is, maar omdat hij geen rug-
gengraat heeft.

Irritaties in een relatie zijn normaal wanneer
de grote verliefdheid over is. De vraag is
alleen of jij ondanks deze irritaties met hem
verder kunt. Kun jij er tegen dat hij waarschijnlijk nooit zal leren uit zichzelf te vragen hoe
je tentamen ging? En vind je dat hij genoeg
andere leuke eigenschappen heeft die zijn
mindere compenseren? Dan is er in feite
niets aan de hand.

Jouw verliefdheid is overgegaan in liefde. En
liefde is niet blind voor minder leuke karakter-
trekken. Ze accepteert ze alleen.

BINDINGSANGST

Sommige meiden krijgen al vrij snel relatie-
irritatie. Zodra ze iemand officieel hun vriendje
kunnen noemen, is de lol er vanaf. Ze vinden
de jacht leuker dan de vangst.

Eigenlijk heeft deze relatie-irritatie niet
zozeer te maken met degene met wie ze op
dat moment hebben, maar meer met dát ze
wat hebben. Bindingsangst is misschien een te
groot woord, maar ze zijn in ieder geval nog
niet klaar voor een relatie. Er zijn nog te
veel leuke jongens met wie ze willen zoenen
voordat ze zich willen binden. Ze vinden het
nog te prettig om met niemand te rekening te
houden.

Love & LEED

10 tekenen dat het niet meer zo goed gaat

1. Het maakt je niet zo veel meer uit dat hij niet sms't terwijl hij dat beloofd heeft te doen.
2. Je begint openlijk te flirten met andere jongens.
3. Steeds meer mensen vragen of jullie het uit hebben, omdat jullie nooit meer samen gezien worden.
4. Je verzint een opkomend griepje om onder een zoensessie uit te komen.
5. Als je heel eerlijk bent, denk je dat je niet heel verdrietig zult zijn als het uit gaat.
6. Je maakt ruzie om dingen waar je eerder je schouders over ophaalde.
7. Steeds vaker heb je zin om 's weekends te gaan stappen met je vriendinnen in plaats van de zaterdagavond met hem op de bank door te brengen.
8. Je twijfelt of hij wel je grote liefde is.
9. Als iemand hem in het openbaar voor schut zet, neem je het niet meer voor hem op.
10. Wanneer hij belt doe je net of je de telefoon niet hoort.

En dat is prima. Juist nu is het de tijd om uit te zoeken wat je wel en niet in jongens aantrekt. En tja, daar is nu eenmaal een grondig warenonderzoek voor nodig.

3 VRAGEN DIE JE MOET STELLEN WANNEER HET NIET GOED GAAT

1 Waarom gaat het niet goed?

Het is natuurlijk ontzettend makkelijk om met je vinger naar hem te wijzen, maar kijk ook eens naar jezelf. Is het omdat je de laatste tijd echt niet meer met zijn lompheid om kunt gaan? Of reageer jij gewoon te emotioneel? Of ligt het misschien aan de situatie dat het niet goed gaat. Zien jullie elkaar te veel of juist te weinig. Probeer voor jezelf duidelijk te krijgen waar het probleem ligt.

2 Wat kun je eraan doen?

Nu je weet waar het aan ligt, kun je er ook wat aan doen. Dat wil zeggen, kunnen jullie er wat aan doen. Het is natuurlijk niet de bedoeling dat jij alles in je eentje oplost. Betrek hem daarom in je relatietwijfels. Vindt hij ook dat het de laatste tijd niet zo lekker gaat of vindt hij dat er niets aan de hand is? Ergert hij zich ook wel eens aan dingen van jou?
Spreek ze naar elkaar uit en bedenk ook wat je van elkaar mag vragen. Het is *too much* hem omgang met zijn beste vriend te verbieden omdat hij in de buurt van zijn beste vriend meteen in een vrouwonvriendelijke rotzak verandert. Voorstellen om voortaan dingen gescheiden te doen is beter.

3 Wat gá je eraan doen?

Oplossingen bedenken is één. Ze daadwerkelijk uitvoeren is een tweede. En sommige oplossingen zijn moeilijker uit te voeren dan andere. Beloven dat je niet zo jaloers meer zult reageren als hij met andere meiden praat is gemakkelijk beloofd. Die jaloezie echt overwinnen kost meer tijd.

En soms zijn bepaalde dingen ook gewoon niet te veranderen. Als hij nooit erg sociaal is geweest, zal hij nooit de gangmaker van een feest worden.

Heb je afgesproken dingen te veranderen, hou je er dan aan. Het klinkt als een open deur, maar *bad habits die hard*. Als elk probleem met één gesprek de wereld uit zou zijn, zou er nooit een relatie verbroken worden.

fase 13
ruziemaken

The art of arguing

HET LIEFST ZOU JE HEM VERROT
SCHELDEN EN HEM EENS FLINK DE
WAARHEID VERTELLEN, MAAR *CHILL, GIRL!*
GOED RUZIEMAKEN
MET JE VRIENDJE
MOET JE LEREN.
BEGIN ERMEE DE
VALKUILEN TE
HERKENNEN, HET
LIEFST VOORDAT JE
ERIN VALT.

VALKUIL 1 JE GAAT VOOR HEM DENKEN

De meest voorkomende fout bij ruzies
is dat de een voor de ander gaat denken.
Vooral meiden hebben hier een handje van.
Niet doen. Je bent niet helderziend. Je kunt wel een idee hebben
van wat hij denkt of voelt, maar dat is geen argument. Dus niet:
'Ik ben maar vast weggegaan, omdat ik dacht dat je toch geen
zin had om met me mee te gaan.'
Heeft hij gezegd dat hij geen zin had om met je mee tc gaan?
Nee? Dan kun je bij deze dit argument in de prullenbak gooien.
Als je weer zo'n voorgevoel hebt, vraag het dan gewoon recht-
streeks. Directe communicatie werkt bij jongens vaak het beste.

VALKUIL 2 JE BETREKT ER DINGEN BIJ DIE ER NIET TOE DOEN

'Je kijkt de hele avond naar andere meiden en trouwens, ik vond het ook niet leuk dat je gisteren niet terugsms'te.'
Huh? Knappe jongen als hij hier op weet te reageren. Dit zijn twee verschillende dingen. Hou je boosheid bij één onderwerp. Op dit moment ben je kwaad op hem omdat hij de hele avond naar andere meiden keek, ga daar dan ook de discussie over aan. Het geval over het niet terugsms'en heeft er nu niets mee te maken en daar moeten jullie het dus een andere keer over hebben.

VALKUIL 3 EEN WEEK LATER BEGIN JE ER PAS OVER

Je ergert je al dagen mateloos aan hem, maar in plaats van dat uit te spreken, krop je al je gevoelens op. Niet handig.
Ten eerste heeft hij als je te lang wacht geen idee waar je het over hebt ('Vorige week? Wanneer? Waar heb je het over?').
Ten tweede wordt een probleem steeds groter en erger als je erover gaat malen. Dan hoeft er maar iets kleins te gebeuren of de bom in jou barst. Spreek hem er dus gelijk op aan als hij iets doet wat je niet bevalt.

VALKUIL 4 JE GAAT DE RUZIE NIET AAN

Je houdt je op de vlakte, zegt 'uhu', 'oké' en 'het zal wel.'
Je hebt het waarschijnlijk niet door, maar je haalt bij de ander het bloed onder de nagels vandaan. Zeg wat je denkt! Aan een goede ruzie doen twee personen mee. Als je niet zegt wat jij ervan vindt, weet hij het gewoon niet.
Misschien vind je het moeilijk om ruzie te maken en hou je je daarom liever in. Geef dan aan dat je het niet leuk vindt om ruzie te maken, maar dat je toch het volgende wil hebben gezegd. Hoe eerder jij je uitspreekt, hoe sneller de ruzie over is.

VALKUIL 5 JE LUISTERT NIET

Als je tien jaar jonger was geweest, had je je vingers in je oren gedaan en was je keihard gaan zingen. Je weet precies wat hij wil zeggen en het interesseert je voor geen meter.

Kom op, gedraag je een beetje volwassen. In een ruzie hoor je nu eenmaal dingen die je liever niet wil horen, maar je leert ook jezelf te verdedigen.

Net als jij wil ook hij gehoord worden. Haal diep adem en laat hem vertellen wat hem dwarszit. Je kunt het.

VALKUIL 6 JE GAAT MET RUZIE UIT ELKAAR

Aaargh! Hij begrijpt er echt helemaal niets van! Weet je wat, laat ook maar. Hoe verleidelijk het soms ook is om bij een ruzie weg te lopen, doe het niet! Je maakt jezelf alleen maar kwader en de stap om hem weer op te bellen om de ruzie uit te praten, wordt steeds groter.

Bedenk ook dat jongens heel anders ruziemaken dan meiden. Meiden willen graag over hun gevoelens praten. Jongens ervaren dit als een schreeuw om hulp en zoeken meteen naar oplossingen. Ze willen niet analyseren waarom de ruzie is ontstaan, ze willen hem gewoon opgelost zien.

Love & LEED

VALKUIL 7 JE MEENT NIETS VAN JE EXCUSES

'Ja sorry hoor!' Als je iemand duidelijk wil maken hoe erg je het niet met hem eens bent, gebruik dan deze drie woorden.
Bied dan níet je excuses aan. Je hoeft het tijdens een ruzie ook niet gelijk met elkaar eens te zijn.
Misschien ben jij zo'n type dat moeilijk sorry zegt. Laat er dan een dag of wat overheen gaan totdat je oprecht sorry kunt zeggen. Sommige mensen denken dat excuses aanbieden een teken van zwakte is, maar het is juist het tegenovergestelde. Wanneer je je eigen fouten inziet betekent dit dat je zelfkennis hebt. En als je zelfkennis hebt, dan ben je echt al heel ver.

VALKUIL 8 JE GAAT SCHREEUWEN OF SCHELDEN

Je bent hartstikke boos op hem en dat zal hij weten ook. Hij doet dit fout, hij heeft dat op zo'n toon gezegd. Wat een ontzettende sukkel is het toch!
Hoe verleidelijk het ook is om hem duidelijk te maken dat hij een *loser* is, doe het niet. Jij wil ook niet worden uitgemaakt voor kreng als je je een keer vals gedraagt. Hij mag zich dan gedragen als een sukkel, maar als je eerlijk bent vind je hem geen sukkel. Ga geen dingen zeggen waarvoor je later je excuses moet aanbieden.
Trouwens, schelden betekent dat je het niet meer met gewone woorden af kunt. Jouw woordenschat is toch zeker groot genoeg om je punt te

maken? Hetzelfde geldt voor schreeuwen: als je je stem verheft, laat je alleen maar zien dat je de situatie niet onder controle hebt.

VALKUIL 9 'IEDEREEN VINDT DAT JIJ FOUT ZIT'

Hoezo vindt iedereen dat? Jíj hebt toch ruzie met hem? Wat maakt het dan uit dat je vriendinnen het met je eens zijn? Trouwens, je vriendinnen zijn ook nog eens lang niet 'iedereen'. Als je 'iedereen' erbij betrekt, zeg je eigenlijk indirect dat je het niet alleen afkunt. Zijn reactie zal overigens zijn dat hij niets met 'iedereen' te maken heeft. En hij heeft nog gelijk ook.

VALKUIL 10 HIJ SLAAT JE OMDAT-IE VAN JE HOUDT

Wake up! Wegwezen. Nu, meteen, nu je het nog kan.
Meiden en vrouwen denken vaak dat het wel beter zal gaan in de toekomst, als hij wat beter in zijn vel zit, als hij weer nuchter is, als jullie weer gevreeën hebben, als.. als... als... Vergeet het maar! Iemand die slaat heeft een psychisch probleem en moet daaraan werken. Als je bij zo iemand blijft kun je zelf straks ook naar de psycholoog.
Andersom geldt dat natuurlijk ook, als jij slaat tijdens een ruzie.

Love & LEED

fase 14 *
zijn ex

The girl you love to hate

NACHTELIJKE TELEFOONTJES, HAATVOLLE BLIKKEN EN IK-WIL-JE-TERUGMAILS VOL ZELFMEDELIJDEN. ZE IS WAARSCHIJNLIJK NOG EEN GRAADJE ERGER DAN JOUW EX: ZIJN EX. EXEN HEB JE IN SOORTEN EN MATEN. BEKIJK VOORDAT JE JE STRATEGIE BEPAALT WAT VOOR VLEES JE IN DE KUIP HEBT.

DE EX DIE HEM TERUG WIL

Situatie

Grote kans dat ze door hem aan de kant is gezet en dat ze het daar helemaal niet mee eens is. Op alle mogelijke manieren probeert ze nog contact te houden met je vriendje. Zodra hij zich op msn aanmeldt is zij de eerste die hem een berichtje stuurt. En wanneer ze in het weekend een beetje teut raakt, bestookt ze hem met sms'jes. Tegen hem doet ze ontzettend aardig, terwijl ze jou alleen vuile blikken toewerpt. Het kreng!

How to deal with her

Heb in eerste instantie een beetje geduld met haar. Als jij je vriendje zou kwijtraken, zou jij toch ook een beetje *desperate* raken? Als ze na een tijdje nog steeds niet doorheeft dat hij echt niet meer bij haar terugkomt, is het tijd voor zwaarder geschut. Overleg met je vriendje dat hij voortaan niet meer op haar contactpogingen ingaat. Snapt ze dat na een tijdje nog niet, laat je vriendje dan recht in haar gezicht zeggen dat hij nu gelukkig is met iemand anders.

DE EX DIE HEM HAAT

Situatie
Of hij haar nu echt iets heeft geflikt of niet, deze chick is boos, en niet zo'n beetje ook. Ze verspreidt de meest walgelijke roddels over hem (dat hij altijd uit zijn mond stonk, dat hij zoende als een labrador) en ontkent daarna met een stalen gezicht dat zij die roddel in gang heeft gezet. Het is oorlog en omdat jij in haar ogen heult met de vijand (jij verrader!) moet jij het net zo hard ontgelden.

How to deal with her
Dat ze gefrustreerd is mag duidelijk zijn. En hoe graag je haar ook (liefst waar iedereen bij is) duidelijk wil maken wat een ontzettend &*^%-wijf ze is, het is beter om haar te negeren. Zodra ze ziet dat ze geen respons krijgt gaat voor haar de lol er snel vanaf.

Begint ze een oorlog tegen je, dan is het tijd om ook jouw messen te slijpen. Vraag haar of ze van nature zo gefrustreerd is, of dat ze zich alleen zo gedraagt als ze aan de kant wordt gezet. Merk fijntjes op dat ze aan dat laatste, gezien haar karakter, maar beter kan wennen.

Love & LEED

DE EX ZICH ZIELIG GEDRAAGT

Situatie

Thuis gaat het niet goed, haar cijfers zijn om te janken, haar hond is overleden en nu heeft haar grote liefde het ook nog uit gemaakt. Oh, boe-hoe. Eigenlijk is je lover helemaal klaar met haar, maar ergens voelt hij zich ook schuldig. En daar weet zij handig gebruik van te maken. Nachtelijke telefoontjes waarbij ze huilend dreigt dat ze het echt niet meer ziet zitten ('Als het zo blijft, nou dan...') en vooral zich heel veel aanstellen.

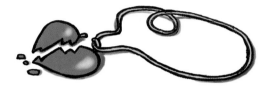

How to deal with her

Natuurlijk is het zuur voor haar dat alles even niet zo lekker loopt, maar de schouder van je ex-vriendje is niet meer de plek om uit te huilen. Hij hoeft haar problemen niet meer op te lossen, daar heeft ze haar vriendinnen voor.

Als ze toch zielig blijft doen, is het een idee om op haar vriendinnen af te stappen en de situatie uit te leggen. Grote kans dat die niet eens doorhebben hoe slecht het met haar gaat (want ja, ze deed altijd haar verhaal bij jouw vriendje) en dat ze meer dan bereid zijn hun schouders aan te bieden aan hun vriendin.

DE EX DIE PERFECT IS

Situatie

Ze ziet eruit als een model, kan met iedereen overweg, heeft een smetteloze reputatie en is zo'n type dat iedereen in het team wil als er Triviant wordt gespeeld (en nee, ze weet niet alleen de antwoorden op de roze vragen...). Op zich allemaal prima, ware het niet dat dit mens haar nagels ooit in jouw lover heeft gezet. Ze is met recht the girl *you love to hate*.

How to deal with her

Hoe groot de verleiding ook is, het heeft geen zin om haar negatieve eigenschappen aan je vriendje te ontfutselen. Hij vat deze pogingen alleen op als een teken van jaloezie. Daarnaast snapt hij niet waar je je zo druk over maakt. Ze is toch niet voor niets een ex?

Bewaar je tirades liever voor je vriendinnen. En bedenk dat zijn ex dan wel zogenaamd perfect kan zijn, jij hebt iets wat zij niet heeft. Hem.

DE EX DIE HIJ KENT VAN VAKANTIE

Situatie

Ze hebben hoogstens anderhalf week met elkaar doorgebracht, maar dan wel van 's middags twee tot 's nachts twee. Tel daarbij op het warme weer, flirtstand tien en cocktails *et voila*, een nieuw setje vakantielovers was geboren. Ook geen fijne gedachte is dat hij een geheugenkaartje vol vakantiefoto's heeft van haar. En laat ze daar nu helemaal geweldig op staan...

How to deal with her

Eigenlijk telt ze niet eens mee als ex, want het woordje 'verkering' is nooit gevallen. En als ze verder geen concrete afspraken hebben gemaakt om hun relatie door te zetten in Nederland, dan weet ze ook dat haar rechten op hem zijn vervallen. Grote kans dat ze afdruipt als je vriendje haar op msn vertelt dat hij thuis een vriendin heeft.

Love & LEED

Situatie

Of het nu in een vlaag van verstandsverbijstering was of niet, ooit werd hij van 'een' vriendje, 'het' vriendje. Gelukkig voor jou was voor beiden deze stap *a bridge too far*. Maar dat betekent niet dat ze niet meer in zijn vriendengroep zit.

Ze kunnen het dan in relationele sferen niet met elkaar vinden, wat vriendschap betreft zit het met die twee wel goed. Ze zijn het levende bewijs dat je wel vrienden kunt blijven met je ex, maar ja, ze wáren al vrienden. Zo kunnen wij het ook.

How to deal with her

Dat hij bevriend met haar is, betekent niet dat jij dat ook moet zijn. En dat ze wat met hem heeft gehad, betekent niet dat hij niet meer bevriend met haar kan zijn. Toch is deze situatie vaak lastig. Hij deelt niet alleen zijn gevoelens met een meisje, hij heeft ook nog eens een zoenverleden met haar. Moeilijk!

Je kunt voorstellen een keer iets met zijn drieën te gaan doen zodat je ziet hoe hun vriendschap in elkaar steekt.

fase 15*
jaloers

Green monster

JE HEBT VAN DIE MEIDEN DIE HUN
SCHOUDERS OPHALEN ALS HUN VRIENDJE
STAAT TE PRATEN MET EEN BLOEDMOOIE
CHICA. JALOEZIE? KOMT NIET IN HUN
WOORDENBOEK VOOR.
JE ZOU ER JALOERS OP
WORDEN...

Bijna iedereen is wel eens jaloers.
Dat is gezond. Het betekent dat
je zo gehecht bent aan iemand,
dat je het stiekem niet kunt
hebben als hij een ander te veel
aandacht geeft. Jaloezie heeft
alles te maken met onzeker-
heid en angst iemand te
verliezen. Meiden met een
laag zelfbeeld hebben meer
last van jaloezie dan meiden die zelfverzekerder zijn.
Onzekere meiden hebben vaak het gevoel dat hun vriendje ieder
ander meisje veel leuker vindt. Vaak raken ze in een vicieuze
cirkel. Ze vinden het niet leuk dat hun vriendje te veel aandacht
aan een ander meisje geeft, maar ze begrijpen het wel omdat
ze zichzelf ook niet geweldig vinden. En omdat ze zichzelf niet
geweldig vinden, worden ze jaloers op het meisje dat in hun

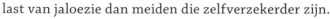

ogen wel helemaal gewel-
dig is. Hierdoor vinden ze
zichzelf nog minder gewel-
dig en worden nog meer jaloers *and so on* ...
Niet vreemd dat jaloerse meiden soms helemaal
gek van zichzelf worden.

ANTI-JALOEZIELIJSTJE

Jaloezie is een *tricky* emotie en het is niet iets waar je binnen
een week vanaf bent. De een is nu eenmaal jaloerser ingesteld
dan de ander en helemaal veranderen kun je nooit.
Wel neemt je jaloezie af wanneer je zelfvertrouwen toeneemt.
Helaas kweek je zelfvertrouwen overigens ook niet in een week.
Toch kun je jezelf *ego boosts* geven zodat je steeds zekerder van
jezelf wordt. Maak een lijstje met twintig redenen waarom jij
de moeite waard bent of vraag je vriendje en vriendinnen op te
schrijven waarom jij zo'n leuk wijf bent. Leer deze redenen uit
je hoofd, zodat je ze als een mantra kunt herhalen als het je een
keer tegenzit.
Na een tijdje zul je merken dat je beter over jezelf gaat denken
en vind je het schouderhalend lekker belangrijk dat je vriendje
even met dat ene meisje praat. Jij bent de liefde van zijn leven
omdat je grappig bent, heerlijk kunt
zoenen, er niet alleen
geweldig uitziet in dat
ene jurkje en altijd klaar
staat voor anderen.
En trouwens, zij mag
dan wel ontzettende lol
met je vriendje hebben,
jij gaat straks weer met
hem naar huis. Hoe ging
dat spreekwoord over
het laatst lachen ook
alweer?

Wie het laatst lacht...

Situatie	Jaloers denken	Jaloers handelen
Je vriendje praat met een mooi klasgenootje dat hij tegen is gekomen in de kroeg.	'Wedden dat hij haar mooier vindt? Hij staat al vijf minuten bij haar! Misschien hebben ze wel van tevoren afgesproken dat ze elkaar hier zouden ontmoeten.'	Zodra hij weer bij jou komt staan, zet je de negeermodus aan. Haar heb je trouwens al helemaal zwart gepraat bij je vriendinnen. Wat een trut is het toch ook!
Zijn ex belt en smst hem nog steeds elke dag. Je wordt er gek van!	'Hij wil haar ook terug, anders zou hij haar wel verrot schelden.'	Je bestookt haar met anonieme sms'jes waarin je haar fijntjes laat weten wat een zielig mens ze is.
Je vriendje flirt met elke mooie meid die langsloopt.	'Zie je nu wel dat ik lelijk ben? Het zal vast niet lang meer duren voordat hij het uitmaakt.'	Of je maakt over elke flirtactie een knallende ruzie of je gaat ineens gigantisch de aandacht van andere jongens opzoeken om hem te provoceren.

Gezond denken	Gezond handelen
'Wat leuk dat hij hier een bekende tegenkomt.'	Je stapt op ze af om kennis te maken met haar. Zij zal tenslotte ook wel benieuwd zijn naar zijn vriendin.
'Logisch dat ze hem terug wil. Als ik het uit zou krijgen met hem, zou ik ook gek worden. Eigenlijk best sneu voor haar.'	Laat je vriendje haar nog eenmaal heel duidelijk maken dat hij haar niet terug wil en dat hij heel gelukkig is met zijn nieuwe vriendin.
'Flirten mag, niet waar? Zolang hij buiten honger krijgt maar thuis blijft eten, vind ik het prima.' Of: 'Een beetje flirten is prima, maar je kunt het ook overdrijven. Ik ga er vanavond nog met hem over praten.'	Of jij flirt er ook lekker op los of je spreekt hem op zijn gedrag aan. Zeg dat jij je er niet prettig bij voelt en vraag waarom hij het doet. Hij heeft toch met jou?

Veel meiden van wie het vorige vriendje is vreemdgegaan vertrouwen geen jongen meer. Elke blik op een meisje is in hun ogen een teken dat ook hun nieuwe vriendje ze bedondert. Op zich is dat gevoel wel logisch, maar eerlijk tegenover je nieuwe *lover* is het niet.

Besef goed dat jaloezie een emotie is die uit jou komt. Het flirt-gedrag van je nieuwe vriendje is niet de reden dat jij zo jaloers bent.

Het is een goed idee je nieuwe lover over je jaloezie te vertellen, zodat hij weet waarom je zo reageert. Je kunt niet van hem eisen dat hij met geen enkel meisje meer praat, maar jullie kunnen wel afspreken dat hij de eerste tijd niet zo veel flirt met andere meiden als jullie samen op stap zijn.

Of probeer je jaloezie eens radicaal om te draaien. In plaats van jaloers te zijn op het meisje met wie hij praat, zeg je nu tegen jezelf dat je trots bent op zo'n leuk vriendje. Blijkbaar heb jij een uitstekende smaak, want alle meisjes kunnen met hem lachen en vinden dat hij er goed uitziet. En jij mag jezelf de trotse bezitter van die vent noemen.

ZIEK VAN JALOEZIE

Jaloezie kan ook zulke vormen aannemen dat het vervelend wordt. Je wordt razend als je vriendje een grapje maakt met de caissière en je voelt je achtergesteld wanneer hij je beste vriendin een zoen op de wang geeft.

Het kan natuurlijk ook voorkomen dat je een erg jaloers vriendje hebt. Misschien vleit het je in het begin dat hij je zo claimt, maar na een tijdje kan dit je behoorlijk de keel uithangen. Jaloezie kan zelfs zo ver gaan dat de een de ander gaat controleren. Wanneer je stiekem zijn sms'jes gaat lezen, een nep msn-adres aanmaakt om hem uit te horen over zijn vriendin (jij dus) of zelfs zijn mailbox kraakt, dan ben je echt verkeerd bezig.

Als je last hebt van deze ziekelijke vorm van jaloezie, is het beter hulp te zoeken. Jaloezie kan je van binnen zo verteren dat je je gevoel voor realiteit kwijtraakt en je er zelf op een gegeven moment niet meer uitkomt. Niet dat je gelijk in staat bent hem met een hakmes te lijf te gaan, maar de meeste *crimes passionels* worden gepleegd in een vlaag van jaloezie.

Bepaald niet onschuldig dus, dat groene monster.

fase 16 vreemdgaan

Once a cheater, always...?

Over vreemdgaan bestaat een hardnekkig cliché. Je moet het meteen uitmaken, want iemand die één keer vreemdgaat zal altijd een vreemdganger blijven.

In theorie klinkt dat allemaal lekker duidelijk, probleem is dat de praktijk vaak minder helder is. Want wat als je zoveel van iemand houdt dat je het niet wil uitmaken? En waarom zou iemand vaker vreemdgaan als het één keer is voorgekomen? Een mens kan veranderen, nietwaar?

Ja, een mens kan veranderen, maar je hele vertrouwen in hem is weg. Het voelt of je tekortgeschoten bent, omdat hij blijkbaar zijn plezier bij iemand anders moest zoeken.

Veel meiden van wie het vriendje is vreemdgegaan, zoeken dan ook in eerste instantie de schuld bij zichzelf. 'Als ik meer aandacht aan hem had geschonken, dan had hij het ook niet bij haar gezocht' of 'zie je nu wel dat ik niet leuk genoeg ben, anders had hij wel genoeg gehad aan mij'.

Onzin! Ook al had je hem dagen lang genegeerd, dan nog heeft hij het recht niet met een andere meid aan te pappen. Hij zit fout, niet jij.

DE SLOERIE!

Een ander 'leuk' trekje van meiden is dat ze het meisje met wie hij is vreemdgegaan de schuld geven. Die sloerie heeft het lef gehad om jouw vriendje te verleiden en dat zal ze weten ook.

Het is logisch dat je je verdriet en woede op iemand wil botvieren, maar doe dat wel op degene die ook daadwerkelijk verantwoordelijk is. Met 'die sloerie' heb je in feite niets te maken, met haar zit je niet een relatie en zij heeft je ook nooit de belofte gedaan niet met anderen te zoenen. Misschien wist ze helemaal niet dat jullie verkering hadden. En als ze het wel wist, dan is het misschien niet *fair* wat ze deed, maar dan nog hoort je vriendje het te ontgelden en niet zij.

Redenen als 'zij heeft hem verleid' slaan nergens op. Ook al had ze zich letterlijk op hem geworpen, hij had zich moeten gedragen.

VREEMDGAANGRENS

Wat vreemdgaan precies is, is voor iedereen anders. Voor de één is slapen in bed met een ander al vreemdgaan, terwijl de ander zijn partner zonder te veel drama seks met een ander vergeeft. Voor de meeste mensen geldt dat een zoen op de mond nog net kan, maar dat een tongzoen onder vreemdgaan valt. Maar ook daar zijn weer gradaties in aan te geven. Een zoen op de mond die in een dronken bui een paar seconden letterlijk uitmondt in een tongzoen is makkelijker te vergeven dan met je volle verstand twintig minuten staan te tongen in een steegje.

Ook ligt het aan de persoon (een ex-vriendin, je beste vriendin of een meisje die hij net een avond kende) en aan de frequentie. Eén zoen is vaak minder erg dan een zoen die 'per ongeluk' zes keer is voorgekomen.

make up or break up?

Aanhouden

- Je bent er van overtuigd dat het een eenmalige fout was.
- Er is nog te veel bijzonders tussen jullie waarvoor je wil vechten.

Uitmaken

- Je vertrouwen is weg en je denkt niet dat je dat ooit weer terugkrijgt.
- Hij heeft geen spijt en vindt eigenlijk dat je gewoon niet zo moeilijk moet doen.

VREEMDGAANVRAAG: WÁÁRÓM?

Bedrogen worden is ontzettend rot, maar zelf bedriegen is misschien wel net zo rot. Dat wil zeggen, als je er eigenlijk meteen al spijt van hebt. Heb je er geen spijt van, dan kun je het beter uitmaken met je vriendje.

Vreemdgaan is vaak een teken dat je relatie op zijn einde loopt. Hou de eer aan jezelf. Maak het uit met je vriendje voor je je op die andere jongen stort. De reputatie dat je niet te vertrouwen bent krijg je binnen *no time*, en je komt er erg moeilijk weer van af.

Heb je wel meteen spijt van die ene vreemde zoen, dan kun je twee dingen doen: het opbiechten aan je vriendje of niet.

Het meest gebruikte excuus om het niet te vertellen is 'het stelde niets voor'. Je hebt geen gevoelens voor de jongen met wie je vreemdging en er is echt niets veranderd aan je gevoelens voor je vriendje. Dus waarom zou je het vertellen? Je vriendje wordt er alleen maar verdrietig van terwijl er helemaal geen reden toe is.

En dat is misschien waar, maar vraag jezelf ook eens heel hard af waarom je dan met die jongen gezoend hebt. Was het echt per ongeluk en heb je binnen drie seconden de jongen van je af geduwd omdat je je realiseerde dat je al een *lover* hebt? Of vond je de aandacht stiekem toch wel erg spannend en kickte je er op dat die jongen jou ook leuk vond? Ben je eigenlijk niet veel liever vrijgezel?

Als je besluit het niet te vertellen aan je vriendje, hou er dan wel rekening mee dat hij er ook op een andere manier kan achterkomen. Helemaal als je gezoend hebt in een volle disco, is de kans groot dat je vriendje het via via toch te weten komt. En als hij er via via achter moet komen dat zijn vriendin er nogal een losse moraal op na houdt, is dat nog veel lulliger.

Wanneer een van jullie is vreemdgegaan, dan is er wat kapot gegaan. Degene die je blind vertrouwde, bleek achter je rug om een oogje op iemand anders te hebben en dat doet pijn. Het vertrouwen is weg en er moet heel wat gebeuren wil dat vertrouwen hersteld worden.

Zorg dat jullie geen overhaaste beslissingen nemen als een van jullie het vreemdgaan opbiecht. Je kunt wel het principe hanteren dat iedereen die jou bedondert meteen het veld mag ruimen, maar *who knows* krijg je daar achteraf gigantische spijt van.

Of hij een tweede kans verdient, kun je beter niet in het heetst van de strijd beslissen. Geef jezelf de tijd om dingen op een rijtje te zetten, en wees daarbij eerlijk tegen jezelf. Als je besluit hem te vergeven, dan mag je vanaf dat moment niet bij elke ruzie zijn vreemdgaan erbij halen ('Ik wil dat we naar die film gaan, want jij bent vreemdgegaan!').

Bij vergeven komt ook vergeten kijken, iets wat overigens nooit helemaal lukt. Je kunt je geheugen niet uitwissen, je hoofd zal altijd weten dat hij is vreemdgegaan. Je hart kan het wel vergeten. Als hij een tijd lang heeft bewezen dat hij weer te vertrouwen is, kun je zijn vreemdgaan een plekje geven.

Andersom geldt hetzelfde: als jij degene bent die is vreemdgegaan, moet je alles uit de kast halen om hem te laten zien dat je vanaf nu echt te vertrouwen bent.

fase 17 *
uitmaken

Dump or be dumped

OF JIJ HET NU UITMAAKT OF HIJ,
HET IS EEN ROTTIG MOMENT. MAAR
WIE A(AN) ZEGT, MOET OOK
B(REAK-UP) ZEGGEN...

JIJ MAAKT HET UIT

Het is waarschijnlijk het moeilijkste gesprek *ever*: het uitmaakgesprek. Want ook al zijn al de verliefde gevoelens weg, dat betekent niet dat je niet meer om hem geeft. En iemand om wie je geeft verdriet doen is niet *one of your favorite things* om te doen.

De manier waarop je het uitmaakt moet weergeven hoe jullie relatie was. Daarom worden veel mensen ook kwaad als ze op een lullige manier aan de kant worden gezet. Het lijkt misschien voor jou wel makkelijker om het via de telefoon uit te maken, zodat je niet hoeft te zien hoe gekwetst hij is. Maar reken dan ook niet op een verdere vriendschap. Waarom zou hij in vredesnaam bevriend blijven met iemand die hem niet eens recht in zijn gezicht durft te zeggen dat het uit is?

Als jullie altijd een leuke relatie hebben gehad dan is het ook jouw taak om het op een nette manier uit te maken. Zie je uitmaakgesprek niet als iets wat je even snel tussendoor doet ('Nou, ik ga er weer vandoor. Ik ga met mijn vriendinnen stappen.'), maar hou er rekening mee dat hij misschien nog wel een hele tijd wil praten om het tot zich door te laten dringen. Gun hem dat ook. Leg hem zo vaak als hij het wil horen uit waarom je het wil uitmaken. Bedenk dat jullie het samen hebben aan gemaakt en dus ook samen moeten uitmaken.

Op de biechtstoel
Tien tegen één dat hij bij de woorden 'ik moet je wat vertellen' al weet hoe laat het is. Dat geeft niet, het zinnetje geeft hem net die paar seconden die hij nodig heeft om zich voor te bereiden op wat gaat volgen. Wees meteen zo concreet mogelijk. Begin niet vaag te ratelen over hoe moeilijk het is, dat jij het ook anders had gewild en hoe rot je het voor hem vindt. Zeg liever eerst dat je het wil uitmaken, zodat hij gelijk weet waar hij aan toe is. Hierna komen de redenen en excuses wel.
Het eerste wat hij je waarschijnlijk zal vragen is 'waarom?'. Helemaal als hij het niet heeft zien aankomen, zal hij wel een paar keer jouw uitleg willen horen voordat het tot hem doordringt. De waarheid kan harder aankomen dan een vuistslag, maar liever dat hij nú pijn heeft van een gebroken hart, dan dat hij door jouw gelieg en gedraai zijn vertrouwen in meiden kwijtraakt. Soms zijn de redenen waarom je het wil uitmaken niet leuk om te horen voor hem. Je bent verliefd op iemand anders. Of je bent vreemdgegaan. Toch is het beter om ze eerlijk te vertellen, dan ze te verzwijgen in de hoop dat hij er niet achter komt. Als jullie bij elkaar op school zitten of dezelfde vrienden of kennissen hebben komt het toch wel uit. Dat hoeft niet gelijk de eerste week of maand, maar op een gegeven moment vertelt iemand anders het hem of verspreekt iemand zich.

Daarbij is hij natuurlijk ook niet dom. Als jij kort nadat je het met hem hebt uitgemaakt alweer iets met een andere jongen hebt, is het voor hem ook wel duidelijk dat er meer speelde.

Het definitieve einde

Het hoge woord is eruit, jullie hebben gepraat en gepraat en het gesprek loopt ten einde. Wat nu? Moet je hem omhelzen? Drie zoenen geven? Een hand? Deze dingen moet je voor jezelf bepalen.

Hou er rekening mee dat hij misschien even totaal geen behoefte heeft aan fysiek contact met jou. Misschien wil hij dat je zo snel mogelijk weg gaat, zodat hij in alle rust kan nadenken. Je kunt hem gerust vragen wat hij wil. Zeg bijvoorbeeld: 'Het liefst zou ik je nu een knuffel geven, maar ik weet niet of jij dat wel wil. Mag het?'.

Maak voor de rest geen beloftes die je niet kunt waarmaken. Zeg niet dat je hem nog belt, als je zijn telefoonnummer al uit je mobiel hebt verwijderd. Ga ook niet met clichés gooien als 'we blijven vrienden' als je allang blij bent dat je van hem af bent. Geef hem geen valse hoop.

HIJ MAAKT HET UIT

Misschien had je al een vermoeden dat hij het wilde uitmaken. Hij sms'te bijna niet meer uit zichzelf en hij deed steeds afstandelijker. Maar het kan ook zijn dat je geen flauw idee had dat hij er een punt achter wilde zetten. Je bent helemaal *flabbergasted* wanneer hij uit het niets zegt dat jullie eens serieus moet praten. Het voelt alsof ergens in je hoofd de toekomst ontploft. Hoezo uit? Jullie hadden net een dagje weg gepland! En je hebt kaarten gekocht voor het komende schoolfeest! Wat nou uit? Hoelang loopt hij al met die gedachte rond? Heb je iets verkeerd gedaan? Is er soms iemand anders?

Het eerste wat ook jij wil is antwoord op de vraag 'waarom?'. Je wil begrijpen waarom hij het wil uitmaken. En daar heb je ook recht op. Vraag net zolang door totdat jij een antwoord hebt dat bevredigend voor jou is. Met 'ik voel gewoon dat ik het beter kan uitmaken' kun je niets.

Verdrietig

Als je vriendje het uitmaakt, kun je je zo overdonderd voelen dat je moet huilen. Je voelt je leeg, misselijk van verdriet en vreselijk aan de kant geschoven. Het liefst zou je tegen hem aankruipen om een flink potje janken, maar hij is nu juist de reden dat je huilt.

Sommige meiden hebben daarom het idee dat ze zich groot moeten houden op zo'n moment, maar waarom zou je dat in vredesnaam doen? Waarom zou hij niet mogen zien dat het je wat doet? Eén op de drie jongens moet zelf huilen tijdens een uitmaakgesprek. Het is tenslotte ook niet zomaar iets. Je sluit het hoofdstuk 'wij' af om vanaf dat moment weer door te gaan als 'hij' en 'jij'. En daar mag best een pak tissues nat van worden.

De stumper

Wanneer jij het idee hebt dat er nog genoeg zit om wat van jullie relatie te maken, wil je hem er natuurlijk van overtuigen geen overhaaste beslissingen te nemen.

Wil hij het uitmaken omdat je nooit tijd voor hem hebt? Prima, dan spreken jullie vanaf nu af dat je meer tijd voor hem vrijmaakt. Over sommige dingen valt inderdaad te praten. Maar wil hij het uitmaken omdat het gevoel er gewoon niet meer is of omdat hij verliefd is op iemand anders, dan valt er eigenlijk weinig meer te redden.

Van pure frustratie heb je misschien zin hem helemaal verrot te schelden. En natuurlijk mag je hem flink de waarheid vertellen als hij het uitmaakt omdat hij is vreemdgegaan. In de meeste gevallen is het echter niet erg stoer een monoloog te houden over wat een zielige stumper hij is. Hou de eer aan jezelf, en bewaar die monoloog voor je vriendinnen. Ze zullen er met alle plezier een dialoog van maken.

fase 18 *
liefdesverdriet

Tears in my eyes

HET IS UIT. OVER. VOORGOED
VOORBIJ. WAT JOU BETREFT MAG
DE WERELD VANDAAG NOG VERGAAN.
JOUW WERELD IS TENSLOTTE AL IN
ELKAAR GESTORT. DIT KOMT NÓÓIT
MEER GOED...

Je weet het zeker, als je van tevoren had geweten dat liefdesverdriet zo'n pijn deed, was je nooit iets met hem begonnen. Je
kunt je op dit moment niet voorstellen dat je hier ooit overheen
komt. In de liefdelogie bestaat er een regel die zegt dat je de
helft van de duur van de relatie mag rouwen. Dat betekent dus
dat je na een relatie van drie maanden anderhalve maand mag
janken. En dat je als je na twee jaar gedumpt bent, één jaar mag
zwelgen.
Maar vergeet die regel alsjeblieft. Liefdesverdriet is als een
pleister op een pijnlijke plek. Als hij er vanaf moet, kun je het
traag doen zodat je een lange tijd steeds kleine beetjes pijn hebt,
of je kunt het in één ruk doen. Het – hij – moet uit je systeem.
Dus jank, scheld, foeter, tier, praat, schrijf en zwelg in zelfmedelijden. Je moet er vanaf en dan kan het maar beter kort en
heftig zijn, dan dat het maanden suddert.
Schrijf gedichten die druipen van zelfmedelijden, praat erover
met je vriendinnen totdat ze met je meehuilen, schreeuw je
stem hees met *angry woman* muziek, jank tot dat het pijn doet

in je hele lijf en schrijf de meest walgelijke scheldbrieven. Die je natuurlijk niet verstuurt.

WEGKWIJNEN

Vooral als het net uit is wil je niets anders dan met de dekens over je hoofd mee blèren met liedjes die gaan over verlaten worden door je Grote Liefde en je dan vooral heel zielig voelen. Doe dat ook. Ga jezelf niet sterker voordoen dan je bent.

Vooral meiden die het zelf hebben uitge- maakt, hebben het idee dat ze geen liefdes- verdriet mogen hebben. Maar natuurlijk kun je ook liefdes- verdriet hebben als jij degene bent die er een punt achter heeft gezet. Naast dat je je rot voelt omdat het uit is, voel je je ook nog eens extra verdrietig omdat je hem pijn hebt gedaan. Wees dus extra lief

voor jezelf als je liefdesverdriet hebt. Wil je je dagen achtereen volstoppen met vette frituurtroep? Doe het! Kun je het echt niet meer opbrengen te leren voor de komende tentamenweek? Laat het dan. Het draait nu even om jou. Je hebt het al moeilijk genoeg.

Maar pas wel op dat je niet van zelfmedelijden wegkwijnt. Voorkom dat je jezelf zo zielig vindt, dat je van liefdesverdriet regelrecht in een depressie raakt. Je zou echt de eerste niet zijn. Wees dus na een tijdje zo sterk om de gordijnen weer te openen en een goede laag make-up op je van tranen bevlekte gezicht te smeren. Verzet je tegen gedachten als 'niemand wil me' en 'zie je

nu wel dat ik lelijk ben?' Je bent niet lelijk en er komt een keer iemand die wél op een wit paard kan rijden.
Recht die rug en stap de wereld weer in met opgeheven hoofd. En natuurlijk op die stoere zwarte laarzen die je als cadeautje voor jezelf hebt gekocht. *F#*^k him*. Figuurlijk dan.

ROUWEN

Het is duidelijk: liefdesverdriet doet vreselijk veel pijn. Het kan zelfs zo erg zijn dat het volgens sommige psychologen te vergelijken is met de rouw om een overleden persoon. En op zich is daar wel wat voor te zeggen. Als je liefdesverdriet hebt moet je door dezelfde vier fasen heen als tijdens een rouwproces. Bij liefdesverdriet krijg je ook te maken met ongeloof, ontkenning, verwerking en acceptatie. Maar daar houdt de vergelijking dan ook op.

De ongelovige fase
Je analyseert alles al dagen en dagen tot in de kleinste details, maar je bent nog niet tot een conclusie gekomen. Je begrijpt domweg niet wat er verkeerd is gegaan. Waarom wilde hij het niet nog een kans geven en waarom is het nu uit?

ehbl – eerste hulp bij liefdes- verdriet

DO *Heerlijk uitjanken bij je ouders en vriendinnen. Zij zullen je precies vertellen wat een sukkel hij is en hoe geweldig jij bent.*

DON'T *Je gevoelens prostitueren aan iedereen die je maar tegenkomt. Die ene vage kennis couldn't care less.*

DO *Fantaseren over hoe je je fietssleutel over de lak van zijn scooter haalt.*

DON'T *Het ook echt doen.*

DO *Jezelf de plechtige belofte maken dat deze jongen vanaf nu uit je hart en hoofd is verbannen.*

DON'T *Meteen alle jongens afzweren.*

DO *Chocolade eten tot je strontmisselijk bent.*

DON'T *Je lam zuipen om je ellende te onderdrukken.*

DO *Er fantastisch uitzien als je weet dat je hem die dag gaat zien.*

DON'T *Er de rest van de dagen als een slons bijlopen.*

Elke zin die tijdens het gesprek uit zijn mond is gekomen, leg je op vijf verschillende manieren uit. Wat bedoelde hij nu met dat hij het ook jammer vindt? Jammer dat het uit is? Of jammer dat jullie nog zo lang hebben gehad? Je wordt helemaal gek van jezelf en het enige wat je doet is janken, janken en nog eens janken.

De ontkennende fase
Het mag dan uit zijn, je bent ervan overtuigd dat hij daar op terug komt. Je moet hem gewoon even tijd gunnen. En hoe erg we ook met je mee hopen dat dit ook echt gebeurt, we leven nu eenmaal niet in een film en het loopt niet altijd goed af.
In de film die *Het leven* heet, is uit gewoon uit. En ja, daar mag je best kwaad om worden. Graag zelfs. Ook boosheid hoort bij een goede verwerking. En mocht je zelf niet genoeg dingen kunnen bedenken waarom hij het niet waard is om verdrietig over te zijn, dan zijn je vriendinnen er nog.
Die kunnen je er heel goed aan herinneren wat een onzettende *loser* hij is.

De verwerkende fase
Stapje voor stapje begin je er aan te wennen dat je hem niet meer zomaar kunt bellen. Zijn foto heb je al van je bureau gehaald en je hebt je vriendin opdracht gegeven al zijn sms'jes uit je telefoon te wissen. Langzaam gaat het wat beter met je, maar het kan nog zo gebeuren dat je begint te huilen als iemand je lief vraagt hoe het nu met je gaat.
In deze fase begin je met vallen en opstaan om te gaan met je liefdesverdriet. Je ligt niet meer dagen op de grond te creperen

van verdriet. En ach, al kun je nog niet met droge ogen naar *Skyradio* luisteren, je hebt in ieder geval geen dramatische wraakgedachten meer.

De acceptatiefase

Eindelijk kun je weer met een voorzichtig lachje zeggen dat het goed met je gaat. Deze week heb je die gigantisch mooie laarzen gekocht waarvan je al weken fan was en de schoenendoos doet nu dienst als opbergbox van alle spullen die met hem te maken hebben. De lieve kaartjes, de foto's, de bioscoopkaartjes, de cadeautjes die je van hem hebt gekregen, alles zit nu veilig weggestopt in een doos die je ver onder je bed hebt geschoven. En al ben je nog niet helemaal op je gemak als je op een feestje bent waar hij ook is, je gáát tenminste. *You go girl*!

fase 19*
je nieuwe ex

Best friends

HET MEEST GEHOORDE CLICHÉ TIJDENS
EEN *BREAK-UP* IS 'WE BLIJVEN VRIENDEN'.
MAAR JE ZULT TOCH ECHT EERST
VRIENDEN MET JE EX MOETEN WÓRDEN.
JULLIE ZIJN TENSLOTTE NOOIT
VRIENDEN GEWEEST.

Als iedereen die ooit had gezworen vrienden te blijven met zijn ex het ook daadwerkelijk had gedaan,
waren we nu *one big happy family* geweest. Hoe mooi
de gedachte ook is, de meeste vriendschappen met een
ex verwateren na een aantal maanden. Jij krijgt een
nieuwe vriendje, hij een nieuw vriendinnetje en jullie
leren andere mensen kennen. Voor je het weet is er van
jullie vriendschap niet veel meer over dan een te late Hyves-
krabbel op verjaardagen.
Meestal zie je dat exen prima met elkaar omgaan,
totdat een van de twee weer verkering krijgt. De
vriendschap loopt een eerste deuk op omdat vrienden
gewoon niet zoveel tijd voor elkaar hebben als ze net
verliefd zijn. Daarbij kan het zo zijn dat jouw nieuwe *lover*
of het nieuwe vriendinnetje van je ex een vriendschap met een
ex niet leuk vindt. Bevriend zijn met iemand van het andere
geslacht kunnen de meeste nieuwe *lovers* nog net aan, maar
vriendschap met iemand met wie je twee maanden geleden nog
heftig zoende ligt toch net even wat gevoeliger.

EX – GEWONE VRIENDIN – NIEUW VRIENDINNETJE

Ging het net zo lekker met de vriendschap tussen jou en je ex, begint die zak te daten met een of ander meisje dat hij van school kent. Zo'n vriendschap hoef je niet, hoor!
Maar wacht eens even, hang je nu het jaloerse ex-vriendinnetje uit? Je rechten op hem zijn vervallen toen het woordje 'uit' viel. Hij is een vrij man en mag dus zoenen en daten met wie hij wil, ook al is het pas drie weken uit tussen jullie. Het getuigt niet helemaal van respect naar jou als ex-vriendin, maar tegenover jou als gewone vriendin doet hij niets verkeerd. Sterker nog, als gewone vriendin wordt er nu van je verwacht dat je blij voor hem bent. Vrienden gunnen elkaar het beste, niet waar?
Toch is het heel begrijpelijk dat je dit allemaal niet trekt. Er is opeens iemand die 'jouw' rol inneemt en je moet het nog toejuichen ook. Nu komt dat laatste restje jaloezie naar boven dat zegt dat hij naar niemand anders zo verliefd mag kijken als hij altijd naar jou deed. Doe je niet sterker voor dan je bent door te zeggen dat je het leuk voor hem vindt. Waarom zou je? Vrienden zijn met je ex is één ding, je wanhopig vastklampen aan het idee dat je vrienden met je ex móét zijn is een tweede.

BASIC

Vergeet dus even dat ambitieuze plan om vrienden met je ex te blijven. Probeer eerst normaal met elkaar om te gaan, voordat je hem als je beste vriend bestempelt.

bevriend worden met je ex

Nee

- Hij is nog steeds verliefd op je.
- Of jij op hem.
- Je hoopt stiekem dat hij weer verliefd op je wordt.
- Je bent blij dat je eindelijk van hem af bent.
- Hij heeft een draak van een nieuwe vriendin.
- Jullie hadden sowieso nooit veel gespreksstof. Tijdens je relatie kon je dat tenminste nog oplossen door een zoensessie.
- Hij is gewoon een rotzak.

Ja

- Hij kent je door en door.
- Je voelt je vertrouwd bij hem.
- Het feit dat hij aardig en grappig is verandert niet opeens omdat het uit is.
- Je wil dat hij deel uit blijft maken van je leven.
- Die urenlange gesprekken kunnen jullie nog steeds hebben.
- Je moet er niet aan denken ooit weer iets met hem te beginnen.
- En je weet dat hij daar ook zo over denkt.

Vaak is een normale omgang al moeilijk genoeg. Want is hallo zeggen voldoende wanneer je hem in de stad tegenkomt? Of moet je gelijk op hem afstappen, hem drie zoenen geven en vragen hoe het met hem gaat? Kun je hem vragen hoe het in de liefde gaat of lijkt het dan net alsof je hem wil controleren? Hou het daarom in het begin vooral *basic*.

Vraag hoe het met hem gaat, zonder gelijk te checken waar hij de laatste weken uit heeft gehangen. Pols ook hoe hij tegen jou doet. Grote kans dat hij net zo min weet wat hij met de situatie aan moet als jij. Je kunt ook luchtig opmerken dat 'dit wel een beetje ongemakkelijk voelt' om het ijs te breken als je hem voor de eerste keer ziet.

Praat over neutrale onderwerpen als school en sport of vraag hoe het met die ene vriend van hem is. Voel je niet gelijk rot als blijkt dat het gesprek niet loopt. Iedereen heeft dit als hij zijn ex voor het eerst terug ziet na de breuk.

NIET ZOENEN

In tegenstelling tot vrienden blijven kunnen jullie wel vrienden worden. Misschien is het uitgegaan omdat jullie elkaar steeds meer als gewone vrienden zagen en niet meer verliefd waren. Of vinden jullie elkaar hartstikke leuk maar niet als *lovers*? In die gevallen kun je wel een poging ondernemen vrienden te wórden. Regel 1: geen seks. Ook geen 'onschuldige' tongzoen voor de grap. Niet doen, hoe gemakkelijk het ook is omdat je het al vaker met hem hebt gedaan. Seks of zoenen maakt alles alleen maar verwarrend. Heb je nu seks met je ex of seks met een goede vriend? Wil hij nu meer van je? En jij, wil jij hem eigenlijk niet stiekem gewoon terug? Nee toch? Of wel?

Waar je ook aan moet denken als je vrienden wil worden met je ex, is dat een vriendschap opbouwen en onderhouden tijd kost. Je bent niet van de een op de andere dag iemands beste maatje. En meer tijd voor hem, betekent minder tijd voor je andere vrienden.

Maar het lastigste is dat je met je vrienden over alles moet kunnen praten. En dat betekent dus ook over zijn liefdesleven. Wees heel eerlijk of je dit wel aankunt. Want hij krijgt natuurlijk een nieuw vriendinnetje. Kun je dit aan, dan is er niets dat jullie vriendschap in de weg staat.

Op een rare blik van de buitenwereld na misschien, maar *who cares*?

fase 20 *
weer alleen

Happy single

JONGENS ZIJN ONTZETTEND LEUK, MAAR JIJ REDT JE OOK PRIMA ZONDER VENT. TOCH? WAT VOOR SOORT SINGLE BEN JIJ? DOE DE QUIZ.

1 *De loser van school heeft kaartjes voor een concert waar jij met geen mogelijkheid aan kon komen. Wat doe je als hij jou zijn tweede kaartje aanbiedt?*

a Ja, daag! Zo nodig hoef je ook weer niet naar dat concert. Jij wacht wel tot het op internet staat.

b *Sure, why not?* Met een beetje geluk staat het geluid zo hard dat je niet eens zo veel met hoeft te praten.

c Wat geweldig lief van hem! Iemand die zoiets liefs aanbiedt, kan toch eigenlijk geen *loser* zijn? Jij gaat!

2 *Je beste vriendin loopt al weken achter die ene jongen aan en het is haar eindelijk gelukt wat met hem te krijgen. Hoe reageer jij?*

a Jij ontkurkt de champagne alvast. Dit moet gevierd worden!

b Ja hoor! Wéér iemand die zich in de val heeft laten lopen. Nou, gefeliciteerd en tot over vijf dagen, als het weer uit is.

c Je begint spontaan te huilen. Waarom zij wel en jij niet? Nie-hie-mand wil jou.

3 *Twee vriendinnen van je hebben een double date gepland met hun vriendjes. Ze vragen jou niet mee, want: 'tja, jij hebt geen vriendje'. Hoe reageer jij?*

a Niet. Jij telt nu eenmaal niet mee als je geen vriendje hebt, dat weet iedereen.

b Pardon? Sinds wanneer ben jij als jezelf niet meer leuk genoeg? Hier ga jij zeker wat van zeggen!

c Jij ontploft! Hoe durven ze hun vriendjes boven jou te stellen? Vanaf nu gun jij die twee het licht niet meer in de ogen. Het gore lef, zeg...

4 *Je hebt al de hele avond oogcontact met een ontzettend knappe jongen. Wat doe je als hij op je afkomt?*

a Je mond wordt droog, je begint te giechelen en doet een schietgebedje dat je over een halve minuut je eigen naam weer weet te herinneren.

b Eerlijk gezegd heeft hij daar niet de kans voor gehad, want na twee keer jouw kant op te hebben gekeken ben jij al op hem afgestapt. Hier met dat vlees!

c Je lacht hem uit. Hij denkt toch niet werkelijk dat jij op zijn gezelschap zit te wachten. *Move over, kiddo!*

5 *Je bent al een tijdje aan het daten met een jongen en eerlijk gezegd heb jij het wel gezien met hem. Wat zeg je als hij* out of the blue *vraagt of jij zijn vriendin wil zijn?*

a 'Ik dacht dat je het nooit zou vragen...'

b Niets. Jouw woedende blik zegt genoeg.

c 'Eerlijk gezegd begin ik de laatste tijd steeds meer te twijfelen aan ons. Het lijkt me dus beter van niet.'

Love & LEED

6 Wat is jouw levensmotto?

a Alles went, behalve een vent.

b If you're happy and your single clapp your hands.

c Liever met één jongen hand in hand, dan tien in de lucht.

7 Jij hebt net de beste date ever achter de rug, maar je vriendin is net keihard aan de kant gezet door haar ex-vriendje. Welk topic wordt besproken die avond?

a Dat zij aan de kant is gezet, natuurlijk! Lief als ze is, vraagt ze wel naar jouw date, maar daar praat je snel overheen. Haar probleem is even belangrijker, hoor!

b Dat zij slachtoffer is geworden van zo'n misbaksel. Je begint trouwens ook sterk te twijfelen of jouw date eigenlijk wel zo leuk was. Jongens zorgen alleen maar voor ellende!

c Over jouw geweldige date, natuurlijk! Jammer hoor, dat zij zich verrot voelt. Jij bent hartstikke gelukkig, dus mag je even?

lekker single!

1. Je kunt flirten wat je wil… met die ontzettend stoere barman én met die leuke jongen van school én met dat lekkere ding op wie je al weken stiekem verliefd bent.

2. Relaties kosten geld. Dat kun je nu heerlijk aan jezelf besteden.

3. Je bepaalt zelf of je naar dat feestje gaat of gaat msn'en of dat je lekker onderuit op de bank gaat liggen tv-kijken.

4. Twee ouders is meer dan genoeg. Wie zoekt er nu vrijwillig nog een extra paar uit?

5. Niets is zo heerlijk als met je vriendinnen lekker zieken en zeiken over jongens.

6. Je hebt geen overvolle agenda, want je hoeft geen rekening te houden met verjaardagen en familiefeestjes van zijn kant.

7. Voordat je doodgaat wil je net als in de film dat ene superromantische liefdesavontuur hebben beleefd. En zolang zich daarvoor geen gegadigde aanbiedt, blijf je single. Voor minder doe je het niet.

8. Je gaat toch ook niet je hele leven alleen vanille-ijs eten omdat je dat zo lekker vindt? Er zijn nog zoveel leuke jongens om te proeven, dat je geen zin hebt om nu al een keus te maken.

9. Je volgt je eigen smaak, en hoeft niet ook nog te bedenken wat hij leuk vindt. Wel of geen make-up, sexy rokje, hippe zonnebril, geschoren benen of tongpiercing, jij bepaalt dat lekker zelf.

10. Je kunt het prima met jezelf vinden. En laat jij nu lekker egoïstisch al jouw leuks voor jezelf willen houden.

Scorelijstje

1	a = 1	b = 2	c = 3
2	a = 2	b = 1	c = 3
3	a = 3	b = 2	c = 1
4	a = 2	b = 3	c = 1
5	a = 3	b = 1	c = 2
6	a = 1	b = 2	c = 3
7	a = 2	b = 1	c = 3

RESULTATEN

7 tot 11 punten – De overtuigde single

Staat de mooiste jongen van de stad voor jouw deur? Lekker belangrijk! Jij hebt wel wat beters te doen dan tijd besteden aan het manvolk.
Grote kans dat jij gruwelijk bent gedumpt en alle vertrouwen in jongens bent verloren. Op zich niet zo gek dat je ze van je lijf wil houden, maar echt, niet elke jongen is een *bad guy*. Jongens kunnen ook heel leuk zijn. En wat dan nog als de volgende ook niet jouw *Mister Right* blijkt te zijn? Next!

12 tot 16 punten – De happy single

Jij vindt je leven als *single* prima zoals het is, maar je loopt ook niet weg als er een lekker exemplaar op je pad komt. Zoenen, *crushes* of een verliefdheid, als het je overkomt ga je erin mee, maar je klampt je niet wanhopig aan elk potentieeltje vast. Daarvoor zie je nu net nog even te veel moois rondlopen. En tja, al dat moois moet wel even persoonlijk door jouw gekeurd worden!

Love & LEED

17 tot 21 punten – De wanhopige single

Jij wil zo graag een vriendje dat je in elke piemeleigenaar een toekomstige *lover* ziet. Waarom is dat? Je bent toch geen liefdadigheidsinstelling? Ben je zo bang om alleen te blijven? Wees gerust kritisch. Jij bent toch een leuke meid? Of denk je soms van niet? Dan moet je daar misschien eerst wat aan doen. Dan kun je daarna écht leuke jongens spotten.

Lees ook:

MOOi! voor minder

Stijlvol leven met je budget, dat kun jij ook! Dwaal
met Lisa Koetsenruijter langs uitverkoopjes en
rommelmarkten. Lees haar denimdossier en koop De
Ware Jeans. Ontdek je zesde zintuig voor de juiste tasjes
en schoenen. Customize je kamer in jouw sfeer. Haal je
schoonheid uit het keukenkastje. En als je dan tevreden
in de spiegel kijkt, heb je zelfs nog geld over voor een
spetterende party waar je vrienden nog járen over praten!

*Onmisbare gids voor en door budgetbabes
Lisa Koetsenruijter (16) en Eva Wegman (14)*

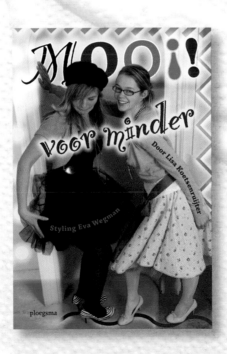